우리 아이,
완벽한 중학생이 되는 법

우리 아이, 완벽한 중학생이 되는 법

꼼꼼한 부모를 위한 올인원 가이드

초 판 1쇄 2025년 06월 16일

지은이 새로쌤
펴낸이 류종렬

펴낸곳 미다스북스
본부장 임종익
편집장 이다경, 김가영
디자인 임인영, 윤가희
책임진행 이예나, 김요섭, 안채원, 김은진, 이예준

등록 2001년 3월 21일 제2001-000040호
주소 서울시 마포구 양화로 133 서교타워 711호
전화 02) 322-7802~3
팩스 02) 6007-1845
블로그 http://blog.naver.com/midasbooks
전자주소 midasbooks@hanmail.net
페이스북 https://www.facebook.com/midasbooks425
인스타그램 https://www.instagram.com/midasbooks

© 새로쌤, 미다스북스 2025, *Printed in Korea.*

ISBN 979-11-7355-278-6 03370

값 18,500원

※ 파본은 구입하신 서점에서 교환해드립니다.
※ 이 책에 실린 모든 콘텐츠는 미다스북스가 저작권자와의 계약에 따라 발행한 것이므로 인용하시거나 참고하실 경우 반드시 본사의 허락을 받으셔야 합니다.

미다스북스는 다음세대에게 필요한 지혜와 교양을 생각합니다.

꼼꼼한 부모를 위한 올인원 가이드

새로쌤 지음

우리 아이,
완벽한 중학생이 되는 법

사소해서 묻기 어려웠던 현실 걱정부터 핵심적인 고민까지!

미다스북스

들어가며

중학교 3년, 우리 아이에게 필요한 시간 8

초등학교 6학년

: 초등학교 생활, 꼼꼼한 마무리

1장 | 6학년 1학기
차분하게 초등 마지막 학년을 정리해요 13

#교과_용어_정리 #필기_방법 #특성화중학교 #중학교_배정
#교우_관계 #가족과의_시간 #교육청_홈페이지_활용 #학교에_문의하는_법

2장 | 6학년 여름 방학
아이와 정서적으로 안정적인 사이가 되어요 25

#복습과_점검 #진로_고민_시작 #체험학습 #아이와_정서적_교류
#문해력_점검 #선행_학습 #중학교_기출문제 #학원_선택
#진로_고민_방법 #학교알리미_활용

3장 | 6학년 2학기
중학생에게 필요한 역량을 준비해요 35

#무조건_스스로 #시간_체크_연습 #평가_방법_숙지 #중학교_입학_일정_확인
#영재교육기관_지원_가능 #미리_준비하는_독서 #예체능_진로_고민
#학교_안내_사항_확인 #학교_방문_사전예약제

4장 | 6학년 겨울 방학
중학교 생활 준비를 위해 꼼꼼하게 챙겨요 49

#중학교_배정_일정 #중학교_입학_준비 #배정_학교_관련_사이트_확인
#예비소집일 #입학_준비물 #친구_없이_중학교_배정 #문제집_구매
#교과서_훑어보기 #보충_학습

중학교 1학년
: 중학교 생활, 완벽한 첫걸음

1장 | 1학년 1학기
확인해야 할 것들을 놓치지 않아요 63

#제출_서류 #기초학력_진단평가 #학부모_상담 #학교_활동_선택
#독서기록상황 #출결_관리 #대회 #학생_선수_등록 #초등학교와_차이점
#사춘기_시작 #교과_특성_알기 #심화_학습 #각종_시험_준비

2장 | 1학년 여름 방학
진로 탐색을 차분하게 시작해요 83

#시험_공부법 #알찬_1학년_학교생활기록부_만들기 #심화_학습_시작 #친구_관계
#학원_거부 #성적표_확인 #성취도 #진로_관련_체험_신청 #학습_루틴_유지

3장 | 1학년 2학기
중학교 첫 지필평가를 알차게 준비해요 93

#진로희망분야 #출결_점검 #시험_계획_준비 #성실하고_알찬_학교생활
#가족_간_갈등 #친구와_갈등 #봉사활동 #고등학교_입학_생각

4장 | 1학년 겨울 방학
사춘기가 와도 공부는 놓지 않아요 102

#수학_기초 #진로_탐색_심화 #상담으로_아이_파악 #학습_습관_굳히기
#2학년_예습 #반_배정 #휴대폰_이슈 #2학년_가정통신문_미리보기
#일상_루틴_만들기

3부

중학교 2학년

: 사춘기, 튼튼한 학교생활기록부 만들기

1장 | 2학년 1학기
사소하지만 중요한 것들을 챙겨요 115

#자율동아리 #교과_세특_작성_노력 #학교_상담_신청 #지필평가_노력
#친구와_시험_공부 #교과_세특_관련_문의 #시험_긴장도_낮추기 #기출문제_풀기

2장 | 2학년 여름 방학
무기력한 아이에게는 응원이 필요해요 124

#자기주도학습 #고입_입시_알아보기 #방학_숙제하기 #자녀_행동_반경_파악_필요
#탐구영역_공부 #출결 #체험학습 #진로멘토링 #스트레스_해소법
#응원

3장 | 2학년 2학기
학교생활을 성실히 하며 진로를 탐색해요 132

#고등학교_진학_계획 #성실한_평가_준비 #학교_폭력_예방하기
#사춘기_아이와의_갈등 #학습_우선순위_결정 #진로_대회_참여
#선호하는_문제집_브랜드

4장 | 2학년 겨울 방학
최적의 복습 시기를 효과적으로 활용해요 141

#관심_학교_탐방 #고입_준비 #독서활동상황 #아이와의_관계_회복
#교과_아닌_진로 #서술형_감점 #학습_점검자료_활용 #사교육_테스트_활용
#고전문학_읽기

중학교 3학년

: 중학교 마지막, 내실 있는 준비

1장 | 3학년 1학기
고등학교 준비를 위한 점검이 필요해요 153

#학교생활기록부_점검 #입시_일정_확인 #진로_관련_활동 #고입_준비_이사
#영재학교_준비 #학교시험vs정시준비 #이성교제 #경쟁률_확인
#심화독서_시작 #2학기_예습

2장 | 3학년 여름 방학
고등학교 입시 준비를 시작해요 165

#수능_시간표_따라_하기 #복습하기 #진로_및_고입_확정
#고등학교_종류_살펴보기 #고등학교_차이 #입학설명회_참석 #자율형공립고
#자기소개서_미리_작성 #고입_대상자_서류_준비

3장 | 3학년 2학기
중학교 생활을 알차게 마무리해요 184

#2학기_평가_준비 #고입_원서_작성 #고교학점제 #시험_후_학습_계획
#원서와_출결 #고입_면접_준비 #가족_내_희망학교_다를_때
#대학교_학과별_입학전형요강_확인

4장 | 3학년 겨울 방학
우리 아이, 준비된 고등학생이 되어요 193

#학습량_최대치 #생활_패턴_유지 #배정학교_특성_분석 #배정통지서_배포
#고등학교_예비소집일 #마음_관리 #가족과의_대화

나가며

중학교 3년, 우리 아이와 함께할 소중한 시간 199

들어가며

중학교 3년,
우리 아이에게 필요한 시간

안녕하세요. 먼저 중학교 생활을 준비하고자 하는 부모님들께 인사드립니다. 저는 서울에 근무하고 있는 중학교 교사입니다.

학교생활을 통해 만나 뵈었던 많은 부모님께서 공통적으로 걱정하시는 것들 중 하나는 중학교 입학과 고등학교 입학을 앞두고 기대와 동시에 걱정을 하는 경우가 많다는 것이었습니다. 우리 아이가 잘 적응할 수 있을까? 공부는 더 어려워지지 않을까? 친구 관계는 잘 맺을 수 있을까? 이러한 고민을 하시는 것은 당연합니다. 그러나 중학교 생활에 대해 미리 준비하고 함께 고민한다면 우리 아이의 중학교 생활에 도움이 될 것이라고 생각합니다. 이 책은 중학교 생활을 걱정하는 부모님들을 위해 준비했습니다.

먼저 이 책을 펼치기 전에, 중학교는 초등학교와는 다른 환경이며 학년별로도 특징이 다르다는 것을 알고 계시면 더욱 열린 마음으로 중학교 생활에 도움이 되는 것들을 정리하실 수 있을 것입니다. 또 학년이 높아질수록 학업의 깊이가 깊어지고, 각 과목마다 평가들이 늘어나고 친구 관계에서 발생하는 문제점들도 더 다양해집니다. 그런 고민들이 생기기 전에 이 책을 통해 중학교 생활을 미리 파악하고, 실질적으로 준비할 수 있도록 중학교에서 꼭 필요한 학습 방법, 생활 습관, 친구 관계, 선생님과의 소통 방법까지, 실질적인 팁을 한 권에 담았습니다.

이 책은 중학교 생활에서 가장 필요하고 중요한 것들만 모아 학년별로 압축해 놓았습니다. 특히 자극적인 정보가 아닌 학교 현장에서 살펴보았을 때 우선순위가 되는 정보, 실용적인 정보 위주로 구성했습니다.

먼저 초등학교 6학년, 중학교 1학년, 2학년, 3학년 각 시기에 필요한 내용들을 기간별로 나누어 담았습니다. 따라서 이 책을 처음부터 차근차근 읽어보셔도 좋지만 필요한 부분이나 시기별로 찾아 읽으셔도 됩니다.

또한 기간별로 부모님들께서 궁금해하셨던 내용들 중 대표적인 몇 가지를 Q&A 형식으로 담은 부분 역시 도움이 될 것입니다. 사소한 질문이지만 누군가에게 물어보기는 조금 어려웠던 내용들 위주로 엮어 보았습니다.

더불어 우리 아이의 고등학교 진학에 도움이 될 수 있도록 각 고등학교에 대한 정보를 가볍게 정리하여 아이들이 진로를 명확히 정하기 전, 가정에서 활용하실 수 있는 정보도 포함되어 있습니다.

마지막으로 학기별로 살펴보아야 할 체크리스트와 학년별로 꼭 짚고 넘어가야 하는 핵심 단어로 정리하며 마무리를 하실 수 있도록 구성했습니다.

이 책이 우리 아이의 완벽한 중학교 생활에 도움이 되기를 바랍니다.
아이의 중학교 생활을 응원합니다.

┌─ 일러두기 ─

1. 각 장은 '꼼꼼한 준비 / 완벽한 Q&A / 친절한 꿀팁'이라는 일관된 구성을 따릅니다.

   꼼꼼한 준비
   이 챕터는 학기별로 기본적으로 준비해야 할 내용들을 담았습니다. 누구나 공통적으로 준비해야 할 것들로 구성되어 있으므로, 학기별 흐름을 살필 때 도움이 됩니다.

   완벽한 Q&A
   이 챕터는 그동안 학부모님들께서 저에게 해 주셨던 여러 질문을 모아 새롭게 구성한 Q&A입니다. 사소하지만 중요한 질문들과 그 해결책들이 중학교 생활을 위한 든든한 징검다리 역할을 할 것입니다.

   친절한 꿀팁
   우리 아이의 알찬 중학 생활을 위해 더 알아두면 좋을 꿀팁으로 구성되어 있는 부분입니다. 우리 아이에게 꼭 도움이 될 만한 각종 사이트 소개, 생활 습관 형성 팁 등으로 구성되어 있습니다.

2. 이 책은 2025년 봄에 작성된 책으로, 2025학년도 입학 정보 및 2026학년도 입학 정보를 기준으로 구성되어 있습니다.
   교육과정 및 교육 정책은 갑작스럽게 바뀔 수 있으며, 주기적으로 변하기 때문에 이 책을 참고하여 최신의 정보로 살펴봐 주시기 바랍니다.

3. 본문의 경쟁률 정보는 2025학년도 입학 전형 당시, 각 학교 홈페이지에서 게재된 정보를 기준으로 정리한 것입니다.

초등학교 6학년

: 초등학교 생활, 꼼꼼한 마무리

1장 | 6학년 1학기
차분하게 초등 마지막 학년을 정리해요

초등학교 고학년에게 가장 시급한 것은 바로 '초등 전 과정 복습'입니다. 초등학교에서 배우는 것을 더욱 심화해서 배우는 곳이 중학교, 그리고 그것을 더욱 심화해서 배우는 곳이 바로 고등학교입니다. 이런 이치는 사실 누구나 알고 있지만 마음이 급해서, 우리 아이는 이미 다 복습하고 할 것이 없어서, 선행이 필요하다는 등의 이유로 복습을 하고 오지 않는 학생들이 상당히 많습니다. 그렇지만 마음을 조급하게 가지지 마세요. 초등학교 때 배운 것들을 다지고 중학교에 입학하면 중학교 학습에 큰 도움이 됩니다.

1) 꼼꼼한 준비

#교과_용어_정리 #필기_방법 #특성화중학교

(1) 초등 교과 용어를 정복해요

초등학교 6학년을 마친 아이들은 이제 본격적인 중등 교육 과정에 들어갑니다. 중학교에 입학하면 과목이 심화되고, 학습량이 급격히 증가하며,

교과 내용도 한층 깊어집니다. 이 과정에서 많은 학생들이 어려움을 겪는 이유 중 하나는 교과 용어에 대한 이해 부족입니다.

초등학교 교과에는 '국어, 수학, 영어, 사회/도덕, 과학/실과', 체육, 예술(음악/미술)' 등이 있습니다. 중학교 교과에는 '국어, 사회(역사 포함)/도덕, 수학, 과학/기술·가정/정보, 체육, 예술(음악/미술), 영어, 선택'이 있습니다. 여기에 학교에서 지역과 학교의 여건 및 학생의 필요에 따라 교과 및 창의적 체험활동의 일부 시수를 확보하여 국가 교육과정에 제시되지 않은 새로운 과목을 자유롭게 개발·운영할 수 있는 시간인 '학교자율시간' 등이 포함됩니다. 선택 교과는 보통 '한문, 환경, 생활 외국어, 보건, 진로와 직업' 등이 해당합니다.

중학교 수업은 초등학교 때와 달리 설명이 빠르고 심화된 개념을 다룹니다. 그렇기 때문에 초등학교에서 배웠던 개념들이 중학교에서 심화되어 언급된다면, 아이들은 배운 내용을 떠올리지 못하고 혼란을 느끼게 됩니다. 이런 변화에 적응하지 못한 학생들은 수업을 따라가기 어려워지고, 학습 의욕을 잃을 가능성이 높아집니다. 그렇기 때문에 초등학교 때 배웠던 용어 정리가 반드시 필요합니다.

용어 정리를 한 번도 하지 않고 중학생이 되면 이러한 문제점이 생길 수 있어요.

① 수업 이해도가 급격히 떨어집니다.

용어 하나를 모르면 문장의 의미 전체를 이해하지 못하는 경우가 많습니다. 초등학교 때는 주변 맥락을 통해 대략적으로 이해할 수 있었지만, 중학교에서는 정확한 개념을 모르면 아예 내용을 따라가기가 어렵습니다. 중학교에서는 교과 선생님께서 전문적으로 담당 과목을 가르치기 때문에 초등학교 때보다는 확실하게 수업이 어려워진다는 점을 인지해야 합니다.

예를 들면, 초등학교 때 어렴풋이 '품사'를 알고 옵니다. 그러나 아이들이 실제로 품사를 바탕으로 공부하는 과목은 국어보다는 영어일 경우가 더 많습니다. 영어 시간에 단어의 품사는 명사(noun), 동사(verb) 등으로 배우다가 '전치사' 등도 배우게 됩니다. 그러나 국어의 품사에는 전치사가 없습니다. 국어 품사는 9개, 영어 품사는 8개이며 어떤 차이가 있는지 한번 정리한다면 중학교 1학년 때 배우는 국어의 품사 부분에서 헷갈리지 않게 됩니다.

② 수업을 이해하지 못하면 아이들은 금방 흥미를 잃고 소극적인 태도를 보입니다.

시험을 보다 보면 '나는 원래 공부를 잘하지 못한다'며 스스로 낙인을 찍는 학생들이 적지 않습니다. 이로 인해 학습 격차가 더욱 벌어지고, 중학교 첫 시험에서 좌절감을 느끼는 학생들이 많습니다. 고등학교에 가서 갑자기 성적이 오르는 경우는 드뭅니다. 그러나 중학교에서는 학습 습관만 잘 잡아도 충분히 성적을 올릴 수 있는 기회가 많습니다. 이 기회를 만들기 위해서는 반드시 용어 정리가 필요하다는 점을 기억해 주세요.

따라서 국어, 수학, 사회, 과학 용어를 정리하도록 해야 합니다. 교과서를 버렸는데 어떻게 용어 정리를 하는지 궁금하실 수 있습니다. 그러나 사실 교과서나 문제집이 없어도 충분히 가능합니다.

요즘 서점을 방문하거나 인터넷 서점 웹 사이트를 방문하면 초등학교 용어 정리가 되어 있는 책들이 상당히 많습니다. '초등학생이 꼭 알아야 할', '초등학생 ○○ 용어' 등으로 정리가 되어 있는 책 중에 아이가 흥미를 보일 만한 책으로 골라서 함께 읽어 주셔도 됩니다.

예를 들어 아래와 같은 책을 보면 도움이 됩니다.

책 표지	책 제목과 추천 이유
	초등학생이 꼭 알아야 할 세계 인물 독해 추천 이유 : 요즘 아이들은 위인전을 예전에 비해 많이 읽지 않습니다. 그러나 세계적으로 유명한 인물들을 어느 정도 정리해 놓은 것을 읽으면 상식도 얻고 각 교과에서도 도움을 받을 수 있어요.
	초등학생이 꼭 알아야 할 사회 용어 독해 100: 1 지리 추천 이유 : 초등학교 때에는 수학과 영어, 국어에 집중해서 공부를 했을 것입니다. 그러나 중학교 때에는 사회 역시 상당히 중요하기 때문에 사회 용어를 정리하는 것이 좋습니다. 중학교 사회는 초등학교에 비해 범위가 많아집니다. 또한 수능 비문학에서도 사회는 중요하기에 사회 용어 정리를 꼭 하는 것이 좋습니다.
	초등학생이 '꼭' 알아야 할 학습도구어 추천 이유 : 학습도구어는 학습할 때 교과 공통적으로 필요한 단어들을 말합니다. 문해력과도 상관관계가 깊습니다. 아이가 문해력에 문제가 있다고 느끼시거나 아이가 쓰는 어휘의 수준이 낮다고 생각하신다면 이 책부터 추천 드리고 싶습니다.

한 컷 초등 사회 사전
추천 이유 : 앞선 책들보다 가볍고 쉬운 느낌의 책입니다. 사회에 흥미가 없는 아이들에게 도움이 될 것으로 생각하여 추천드려요. 책을 읽기 싫어하는 아이에게 거부 반응이 가장 적을 유형의 책입니다.

보통 이런 책들은 중학생이 읽을 만한 것보다는 조금 쉽고 글씨체가 크기 때문에 아이들이 거부감이 적게 책을 읽을 수 있습니다. 글밥 역시 중학생이 읽는 책보다는 조금 적기 때문에 아이가 부담을 덜 느끼게 되면서 용어 정리를 할 수 있게 도움을 줍니다.

조금 더 꼼꼼하게 용어를 정리하고 싶으시다면, '국가교육과정정보센터 (https://ncic.re.kr)' 홈페이지에 들어가 초등학교 교육과정 부분을 아이와 함께 읽으시면 좋습니다. 양이 적지 않지만, 아이 스스로 이 내용이 무슨 의도를 가지고 있는지 생각할 수 있으며, 중요한 용어 또한 함께 들어 있어 큰 맥락을 이해하기에도 좋은 방법입니다.

단권화, 즉 한 권의 노트나 책에 자신이 알게 된 내용을 정리하는 방법을 좋아하는 아이라면 그런 방법을 써서 매일 꾸준히 조금씩 용어 정리를 하도록 도와주는 것도 좋습니다. 열심히 용어 정리를 마치면 누구보다도 뿌듯해할 아이를 볼 수 있을 것입니다.

국가교육과정정보센터 홈페이지 바로가기

(2) 스스로 필기하는 법을 익혀요

초등학교에서는 필기할 것이 적은 학습지를 주어서 PPT나 학습 영상을 보면서 정리를 할 때가 많다고 합니다. 즉, 수업 내용 전부를 스스로 필기하는 일이 많지 않습니다. 중학교에서도 여전히 학습지를 활용하는 과목이 많지만 초등학교 때만큼 필기를 도와주지는 않습니다. 즉, 스스로 필기를 해 나가고 또 너무 늦지 않은 속도로 필기를 해야 수업 내용을 따라갈 수 있습니다.

필기는 꼼꼼하게 잘 정리하는 것을 좋아하는 아이들에게는 어렵지 않습니다. 그러나 글씨체가 심하게 바르지 않거나, 노트 줄에 맞게 작성하지 않는 것이 이미 습관이 된 아이들은 꼭 이 습관을 고쳐야 합니다. 그렇지 않으면 중학교 때 서술형 평가, 논술형 평가 등에서 불이익을 받을 수가 있기 때문입니다.

그러므로 가정에서 숫자 '0, 2, 3, 6, 7' 등을 바르게 쓰기, '가, 사', '거, 지' 등의 글자를 구분할 수 있도록 바르게 쓰기 등을 꾸준하게 연습시켜 주세요.

그리고 개조식으로 필기하는 법을 알려주세요. 다음은 예시입니다.

비유법
표현하고자 하는 대상을 다른 대상에 비유하여 표현하는 수사법.

비유법 종류
1) 의인법: 사람이 아닌 것을 사람에 비겨 사람이 행동하는 것처럼 표현하는 수사법
2) 은유법: 사물의 상태나 움직임을 암시적으로 나타내는 수사법
3) 직유법: 비슷한 성질이나 모양을 가진 두 사물을 '같이', '처럼', '듯이'와 같은 연결어로 결합하여 직접 비유하는 수사법

이와 같이 번호를 달고 정리를 하는 형식으로 쓰다 보면 자신만의 필기 방법이 생깁니다. 또 이런 필기를 놓치지 않아야 중학교 성적을 잘 받을 수 있다는 점을 기억할 수 있게 해 주세요. 중학교 성적은 수업을 잘 들어야 좋은 성적을 낼 수 있습니다.

(3) 밑줄 치는 법도 중요해요

필기하는 법과 더불어 밑줄 치는 법 또한 중요합니다. 수업 시간에 선생님께서 자주 중요하다고 강조하시는 부분에 강조 표시, 즉 밑줄을 꼼꼼하게 쳐야 합니다.

밑줄을 치는 도구는 크게 형광펜, 색연필 등이 있습니다. 교과서 종이 재질에 따라 형광펜이 번지는 경우가 있으므로 고체형 형광펜을 쓰는 것이 더 편리할 때도 있습니다. 사실 밑줄 치는 데에 도구가 중요한 것은 아니지만 이런 부분이 신경 쓰이는 아이들에게는 중요할 수 있습니다.

밑줄을 칠 때 가장 중요한 포인트는 선생님께서 중요하다고 강조하는 부분과 진하게 표시되어 있는 글씨를 놓치지 않는 것입니다. 진하게 표시된 부분은 사실 복습하면서 혼자 밑줄을 치며 공부를 해도 되지만, 선생님께서 수업 때 강조하는 부분은 다른 색 형광펜을 활용하여 밑줄을 쳐 놓는 자세가 필요합니다. 이 부분이 평가 때 반드시 출제될 가능성이 높다는 점을 기억하면 훨씬 좋습니다.

(4) 특성화중학교 입학을 알아봐요

대부분의 6학년 아이들은 일반 중학교에 배정받고 중학교 생활을 합니다. 그러나 일부 학생들은 '특정 분야의 인재를 양성하기 위해 교육과정을 특화'한 특성화중학교에 지원하기도 합니다. 쉽게 말해 특수한 목적을 가진 중학교라 할 수 있습니다.

특성화중학교에 지원하기 위해서는 반드시 지원하고자 하는 학교의 홈페이지를 6학년 1학기 때부터 꼼꼼하게 살펴보고 입학전형요강에 따라 준비를 해야 합니다.

특성화중학교는 현재 크게 4가지로 나눌 수 있습니다. '국제 분야를 특성화하기 위한 중학교', '예술 또는 체육 분야를 특성화하기 위한 중학교', '체험위주 교육 등 대안교육 분야를 특성화하기 위한 중학교', '그 밖에 교육부장관 또는 교육감이 지정하는 분야를 특성화하기 위한 중학교'로 나누게 됩니다.

국제중학교는 국제화 시대를 선도할 글로벌 인재 양성이라는 목표를 갖고 운영이 되는 학교입니다. 예술중학교와 체육중학교는 이름에서 나타난 것처럼 예술과 체육을 전공하는 학교입니다. 조금 특별한 학교로는 '대안교육 분야를 특성화하기 위한 중학교'인데, 정규 공교육 과정에서 시도해 볼 수 없는 새로운 교육과정을 도입하여 시행하기 위해 설립된 학교입니다. 특성화학교로서의 대안학교는 교육청에서 지정한 학교입니다. 경기도 성남에 위치한 '이우중학교' 등이 많이 알려져 있습니다.

다음은 국제중, 예술중, 체육중의 종류입니다.

대원국제중(서울), 영훈국제중(서울), 청심국제중(경기), 부산국제중(부산), 선인국제중(경남)

가창중학교(대구), 계원예술중학교(경기), 광주예술중학교(광주), 국립국악중학교(서울), 국립전통예술중학교(서울), 부산예술중학교(부산), 브니엘예술중학교(부산), 선화예술중학교(서울), 예원학교(서울), 장목예술중학교(경남), 전주예술중학교(전북), 한울안중학교(대구), 한국창의예술중학교(전남)

강원체육중학교(강원), 경기체육중학교(경기), 경북체육중학교(경북), 광주체육중학교(광주), 대구체육중학교(대구), 대전체육중학교(대전), 부산체육중학교(부산), 서울체육중학교(서울), 전남체육중학교(전남), 전북체육중학교(전북)

특히 예술중, 체육중은 이미 이전부터 입학 전형에 따라 준비를 해왔던 학생들이 많을 것입니다. 그러나 국제중은 추첨으로 선발하는 학교가 많기 때문에 국제중에 필요한 소양을 지금부터 갖추면서 추첨 및 모집 요강 등을 홈페이지를 통해 꼼꼼히 살펴보면 도움이 됩니다.

또한 아직 아무 것도 준비하지 않았다고 해도 아이가 예체능 쪽으로 진로를 꿈꾸고 있으며, 어느 정도 소질을 보이고 있다면 한번쯤 특성화중학교에 지원하는 것도 생각해 볼 수 있습니다. 그 경우 아이의 의지만 믿거나 부모님의 판단만을 가지고 진로를 생각하기보다는 아이와 진솔하게 진로 관련 대화를 통해, 그리고 가족 회의를 통해 중학교 진학을 고민해보는 시간이 필요합니다.

예술중, 체육중 등의 검색은 포털 사이트에 '예술중', '체육중'으로 검색하면 그 목록을 쉽게 알 수 있습니다. 더 많은 정보는 각 학교 홈페이지 또는 학교알리미 홈페이지(https://www.schoolinfo.go.kr)에서도 확인 가능합니다.

 학교알리미 홈페이지 바로가기

2) 완벽한 Q&A

#중학교_배정   #교우_관계   #가족과의_시간

Q: 중학교 입학 배정을 지금부터 준비해야 하나요?

A: 일단 중학교 배정은 지역마다 다른 만큼 일정, 준비해야 할 것들이 전부 지역마다 다릅니다. 따라서 6학년부터는 각 지역의 교육청 알림, 학교 가정통신문, 공지사항 등을 수시로 꼼꼼하게 챙겨야 합니다. 대체로 중학교 배정 일정은 2학기 때부터 시작되나 그 전부터 배정 일정을 공지하기 때문에 미리 교육청 홈페이지에서 찾아보는 것이 중요합니다.

Q: 친구들과 같은 중학교에 배정할 수 있는 방법이 있을까요?

A: 방법은 없습니다. 중학교 배정은 거주 지역을 기반으로 한 추첨 형식으로 이루어집니다. 따라서 원하는 친구들과 같이 배정을 반드시 받을 수 있는 방법은 없습니다. 다만 같은 지역에 살면 타 지역에 사는 친구보다는 확률상 같은 중학교에 배정을 받을 수 있다고 생각하시면 됩니다.

Q: 아이가 친구들과 놀기만 좋아하고 가족과는 시간을 보내지 않으려 해요

A: 초등학교 6학년 때부터는 정서 발달이 빠른 아이들은 가족보다 친구와 시간을 보내는 것을 더 좋아하기도 합니다. 이는 아이의 성향에 따라 아

이마다 다른 부분이기에 부모님들께서 아이의 성향을 파악하시면 좋습니다. 그러나 가족과의 시간도 소중히 여길 수 있도록 일정한 시간을 정해 놓고 반드시 가족과의 시간을 보내도록 하는 것이 중학교 생활에도 도움이 될 것입니다.

3) 친절한 꿀팁

#교육청_홈페이지_활용   #학교에_문의하는_법

(1) 진학을 생각하고 있는 학교가 속한 지역 교육청 홈페이지를 확인해요

예를 들어 현재 서울에 거주하고 있거나 진학할 학교가 서울이라면, 서울특별시교육청 홈페이지에 들어가 각종 공지사항 등을 확인하면 됩니다. 그러나 서울특별시는 중학교 배정 업무만 알고 싶다면 시교육청보다는 각 지원청(예를 들면 강남서초교육지원청)의 홈페이지를 참고하시는 것이 좋습니다.

보통 2학기에 '중학교 입학 배정업무 시행계획'이 발표됩니다. 그렇기 때문에 이전 학년도 계획을 참고하시며 홈페이지를 수시로 확인하시는 것이 필요합니다. 또한 체육특기자, 특수교육대상자 등의 대한 안내 역시 교육지원청에 문의할 수 있습니다.

(2) 학교로 '이런 내용' 문의해도 답이 없어요

현재 다니고 있는 초등학교에 '중학교 배정 방법 안내', '중학교 전학', '중학교 재취학' 등을 문의해도 속시원한 답변을 얻지 못하기도 합니다. 그 이유는 학교가 이 업무를 담당하고 있지 않기 때문입니다. 중학교 입학과 관런한 기본적인 업무는 교육청에서 담당하고 있습니다. 학교에서는 학교장 권한으로 할 수 있는 몇 건의 업무를 제외하고는 교육청에서 모든 내용을 안내받고 그 매뉴얼에 따라 움직이기 때문에 실질적으로 학생 배정과 관련해 할 수 있는 것이 없습니다. 따라서 중학교 입학과 관련한 모든 내용은 교육청 홈페이지 또는 교육청 담당자에게 문의하시는 것이 바람직합니다.

새로쌤의 6학년 1학기 체크리스트

함께 체크해요!	완료!
초등학교 때 배웠던 용어를 정리했나요?	
초등 용어 도서를 읽었나요?	
필기하는 방법을 연습했나요?	
밑줄 치는 법을 연습했나요?	
특성화중학교 중 아이와 관련이 있는 학교에 대해 알아보았나요?	
진로 고민에 대해 아이와 진지한 이야기를 나누었나요?	
아이와 정서적으로 튼튼한 사이를 이루기 위해 노력했나요?	
학업적인 면에서 스스로 할 수 있도록 연습했나요?	

2장 | 6학년 여름 방학
아이와 정서적으로 안정적인 사이가 되어요

초등학교 6학년 1학기가 초등학교 생활을 정리하는 단계라면, 초등학교 6학년 여름 방학은 많은 것들에 대한 예비를 해 두는 단계라고 생각해야 합니다. 여름 방학은 1학기 때보다도 상대적으로 짧습니다. 그럼에도 불구하고 압축적으로 많은 것들을 해야 하는 시기이므로 부모님들과 아이와의 정서적인 관계가 절대적으로 중요합니다.

1) 꼼꼼한 준비

#복습과_점검 #진로_고민_시작 #체험학습
#아이와_정서적_교류 #문해력_점검

(1) 부족한 부분에 대해 최종적 복습과 보충이 필요해요

앞서 1학기 때에도 교과 용어 정리를 해야 한다는 점을 강조했습니다. 1학기 때, 학교에서 몇 번의 형성평가 등을 거치며 부족한 부분이 있다는 것을 다시 한번 깨닫게 되셨을 것입니다. 따라서 부족한 부분을 반드시 채워

주셔야 합니다. 앞으로 중학교에 가면 현실적으로 부족한 부분이 있어도 따로 복습할 시간, 보충할 시간이 적어집니다. 그렇기 때문에 여름 방학 때 주요 과목들에 대해 복습할 시간과 보충할 시간을 적어도 하루 1시간 이상씩은 확보해 주세요.

(2) 진로를 가정에서 함께, 진지하게 고민해주세요

중학교에 입학하면 당장 진로에 대해 생각하고 작성해야 할 것들이 많아집니다. 또한 사교육 역시 진로 결정에 따라 조금씩 필요한 부분들이 생깁니다. 따라서 이제는 부모님들과 아이들이 함께, 진로에 대해 진지하게 고민을 해야 하는 시기가 되었습니다.

진로를 고민할 때에는 다음과 같은 부분을 집중적으로 생각하면 조금 쉽게 생각할 수 있습니다. 이 질문들은 제가 실제로 학교에서도 학생 및 부모님들께 드리는 질문입니다.

> \# 아이가 관심 분야에 꾸준히 흥미가 있었는가
> \# 그 분야를 가정에서 지원이 가능한가
> \# 그 분야에 대해 성공하지 못하더라도 괜찮은가

약간 극단적인 질문도 들어 있지만, 보통 이렇게 세 가지 질문이면 어느 정도 진로 결정에 대해 도움이 많이 되는 것 같았습니다.

먼저 첫 번째 질문은 아이들에게 할 수 있는 질문입니다. A가 어떤 진로를 선택한다고 했을 때, 그 진로에 대해 6개월 정도 흥미가 있었다면 더 신중하게 고민을 해야 한다고 생각합니다. 그러나 2-3년 정도 아이가 꾸준하게 그 분야에 대해 흥미를 느끼고 즐거워했다면, 부모님께서도 함께 진로에 대해 진지하게 생각해 보시는 것이 좋습니다.

두 번째는 진로에 대한 가정 내 지원입니다. 이 질문을 생각했을 때 경제적인 지원만 생각하시는 분들이 많습니다. 물론 경제적인 지원 역시 중요한 내용입니다. 한 달에 몇백만 원 이상이 필요한 진로 준비 과정이 있을 때, 그 점을 생각하지 않고 진로를 덥석 준비했다가 경제적으로 어려움에 처할 수 있기 때문입니다. 그러나 단순히 경제적인 부분만이 아니라, 이 진로에 대해 여러 이유로 가정 내 반대가 심하거나 이 진로 선택 후 어려움을 겪은 가족이 있다면 조금 더 함께 진로에 대해 대화가 필요하다고 봅니다.

세 번째는 아이와 부모님 모두에 대한 질문입니다. 어떤 진로를 선택했다 하더라도 그 분야에서 두각을 드러낼 정도로 성공하기는 쉽지 않습니다. 그렇게 성공하지 못했을 때에도 즐기면서 그 꿈과 함께 살아갈 수 있는 마음이 있는지에 대한 질문입니다. 보통 이 질문을 했을 때 '할 수 있다'고 답하면 그 진로 분야를 사랑하는 마음이 크다고 볼 수 있습니다.

이런 질문들을 통해 진로에 대한 고민을 반드시, 꼭 해야 하는 시기가 바로 초등학교 6학년 여름 방학입니다. 아이들의 꿈은 계속 바뀌기도 하고 바뀌는 것이 당연하지만 이 질문이 미리 준비가 반드시 필요한 예체능 계열, 과학 분야 등의 학생들에게는 정말 중요합니다. 그런 학생들이 아니더라도 이 질문을 통해 진로에 대해 고민하고 경험을 쌓는다면 깊이 있게 진로를 생각해 본다는 장점을 가질 수 있습니다.

(3) 진로와 관련된 분야의 대회를 준비하며 진로를 탐색해요

대회에 관심이 있는 학생이라면 이미 많은 경시 대회에 참가했거나 준비해 본 경험들이 있을 것입니다. 그러나 아직 진로 고민 중에 있다면 대회 등을 준비해보며 진로에 대해 더욱 가깝게 느낄 수 있는 기회를 얻을 수 있습니다.

대회에 대한 정보는 포털 사이트에서 검색, 카페 검색 등을 통해 준비할 수 있으며 예체능은 학원 등 사교육을 통해서도 도움을 받을 수 있습니다. 너무 많은 사교육은 지양해야 하지만, 꼭 필요한 경우라면 사교육의 도움을 조금씩 받는 것도 필요합니다.

그러나 사교육의 도움을 받기 전, 우리 아이에게 무엇이 필요하고 어떤 점을 보충해 줄 수 있는지 부모님께서 먼저 생각하신 후, 사교육의 도움을 받는 편이 훨씬 여러모로 효과적입니다.

(4) 체험학습으로 소중한 추억을 쌓아요

초등학교 때까지는 교외체험학습을 활용하기가 어렵지 않습니다. 수행평가도 몇 과목을 제외하고는 담임 선생님께서 진행하시기 때문에 혹시 학교를 빠지더라도 추가 평가 일정을 잡는 것이 중학교만큼은 어렵지 않기 때문이지요. 그러나 중학교 때부터는 과목별로 수행평가를 많이 보기 때문에, 한번 빠지면 수행평가가 많이 몰릴 때에는 아이가 고생을 하기도 합니다. 그렇기 때문에 체험학습을 길게 쓰기가 초등학교 때보다는 어렵습니다. 특히 계획적인 성향이며 성적에 욕심이 있는 아이들이라면 초등학교 때보다는 교외체험학습을 쓰는 것을 달가워하지 않을 수 있습니다. 따라서 초6 여름 방학 즈음에 아이와 추억을 미리 만들어두는 것도 필요하다고 봅니다.

(5) 문해력 점검은 필수예요

요즘 다양한 매체, 여러 서적 등을 통해 '문해력'이라는 단어를 들어보셨을 것입니다. 문해력의 사전적 정의는 '글을 읽고 이해하는 능력'을 말합니다. 그리고 실제로도 글을 읽고 이해하는 능력이 문해력이기도 합니다.

가끔 우리 아이는 어휘 공부를 따로 해서 문해력이 아주 월등할 것이라고 생각하시는 부모님도 있으십니다. 또 우리 아이는 책을 많이 보기 때문에 당연히 문해력은 따라온다고 생각하시는 분들도 계십니다. 그러나 글을 읽고 문제를 어느 수준 이상까지 잘 풀어내지 못하면 문해력이 높다고 보기는 어렵습니다.

따라서 6학년 2학기가 되기 전 '문해력' 관련 문제집을 구매하거나 문해력을 테스트할 수 있는 시험지를 구매해 아이의 문해력을 점검해 볼 필요가 있습니다. 아래 예시로 든 EBS 문해력 시리즈 이외에도 다양한 출판사에서 문해력과 관련된 서적이 많이 나오기 때문에 아이가 풀고 싶어 하는 것으로 고르면 됩니다.

책 표지	책 제목과 추천 이유
	ERI 독해가 문해력이다 추천 이유 : 'EBS 당신의 문해력'에서 나온 문해력 시리즈입니다. 다른 국어 문제집과 비슷한 구성이기 때문에 아이들이 거부감 없이 풀 수 있습니다. '배경지식이 문해력이다' 등의 시리즈도 출간되어 있으므로 함께 풀어도 좋습니다.

EBS 문해력 등급 평가 초등 6학년 (봉투형)
추천 이유 : 학년별로 있는 문해력 등급 평가 문제입니다. 고등학생들이 흔히 푸는 모의고사형 봉투형 문제지로, 아이들이 긴장하고 열심히 푸는 느낌을 받기도 합니다. 이와 같은 느낌의 문해력 등급 평가를 활용하는 것도 좋습니다.

만약 우리 아이가 5-6학년 문해력 관련 문제들을 어려워하며 푼다면, 그것은 문해력을 보충해 주어야 한다는 것으로 이해해도 좋습니다. 문해력을 향상시키는 현실적이고 간단한 방법은 몇 가지가 있습니다.

첫째, 글을 읽고 쉬운 문제를 많이 풀어보도록 하는 방법이 있습니다.

글 자체를 별로 접하지 않았거나, 문제를 많이 풀지 않은 아이가 기본적으로 문해력이 좋지 않게 드러나는 경우가 많습니다. 이때에는 비문학/문학 문제집을 조금 낮은 레벨부터 꾸준히 풀게 하는 방법이 좋습니다. 아이가 2권 이상 꾸준히 문제집을 풀고 나면, 글에 대한 두려움이 줄고 이해가 조금 더 되는 느낌을 아이 스스로 느낄 수 있게 될 것입니다.

둘째, 만약 부모님이 보시기에도 문해력이 심각하게 부족한 아이라면, 특히 어휘에 문제가 있는 경우에는 다음과 같은 해결 방법이 있습니다.

가장 쉬운 방법으로는 초등 용어 사전 등을 구비해 한자와 연관 지어 어휘 공부를 하면 됩니다. 또한 시중에 '어휘' 자체에 대한 문제집이 상당히 많이 나와 있기 때문에 부끄러워하지 않고 학년을 많이 낮추어 빠르게 풀어나가며 어휘를 보충해 나가는 방법을 추천드립니다.

지금까지 소개해 드린 방법은 초등학교 6학년 여름 방학 때만이 할 수 있습니다. 아이의 문해력 수준이 조금 낮다는 것에 초점을 맞추기보다는 빠르게 문해력을 높일 수 있다는 생각으로 이 여름 방학을 활용하는 것이 좋습니다. 또한 서울특별시교육청의 표집된 학교에서는 '서울 학생 문해력·수리력 진단 검사'를 하는 경우가 있으니 꼭 문해력을 점검해 주세요.

(6) 배정받을 중학교에 대한 고민은 시기에 따라 달라져요

만약 이사를 앞두고 있다면 2학기 전에는 무조건 이사를 가는 것을 추천 드립니다. 중학교 배정은 지역마다 다른 만큼 일정도 지역마다 다릅니다. 이사는 가급적 1학기 때 마무리하는 것이 좋지만, 어렵다면 2학기 시작 전에는 이동하는 것이 좋습니다.

서울시특별시교육청은 보통 10월 전후로 실거주 사실 조사 가정통신문을 발송합니다. 이때에 실거주 여부를 위해 등본 등을 확인하는 절차가 있지만, 실제로 거주하고 있다면 크게 걱정할 것은 없습니다. 그러나 1차 조사 이후 전학을 가게 된다면 여러 절차가 진행될 수 있으므로 가급적이면 여름 방학 때 이사 결정을 최종적으로 하는 것이 더 안정적이라 볼 수 있습니다.

2) 완벽한 Q&A

#선행_학습   #중학교_기출문제   #학원_선택

Q: 여름 방학 때 중학교 내용에 대해 선행을 하는 것이 필요한가요?

A: 개인적으로는 선행 학습보다는 복습이 중요하다고 생각합니다. 그러나 중학교에 가면 많은 수행평가를 본격적으로 하는 첫 시기라, 아이가 바빠지기 때문에 어느 정도는 예습으로서의 선행을 하는 것도 자신감 차원에서 필요하다고 봅니다. 그렇지만 선행보다 중요한 것은 무조건 초등 교과 내용 정리입니다. 특히 국어, 영어, 수학, 사회, 과학 그리고 한국사는 꼭 정리하고 중학교에 올라갈 수 있도록 해 주세요. 예습보다 중요한 것은 복습이라는 것을 기억해 주세요.

Q: 배정 가능한 학교의 기출문제를 미리 풀어보는 것이 필요할까요?

A: 아닙니다. 공립 중학교는 선생님들이 종종 학교를 이동하여 선생님들이 바뀌시기 때문에 문제를 미리 풀어볼 필요가 없습니다. 사립 중학교는 공립 중학교보다는 같은 선생님께서 계실 확률이 크지만 매년 평가 계획은 바뀌기 때문에 미리 풀어보지 않아도 됩니다. 만약 학교 문제 경향이 궁금하다면 중학교 배정 후에 초6 겨울 방학을 활용해서 살펴보면 충분합니다.

Q: 아이가 친구들이 가는 학원을 가고 싶어 하는데 보내도 될까요?

A: 정답은 없습니다. 친구와 공부하는 것을 즐거워하는 아이, 혼자 공부하는 것이 맞는 아이 모두 성향에 따라 다릅니다. 그러나 중요한 것은 부모님이 반드시 아이를 챙긴다는 느낌을 줄 수 있도록 행동하셔야 합니다. 아이들이 부모님의 품에서 나와 독립적으로 행동하는 첫 시기인 만큼 친구들과 하는 모든 행동이 즐거울 수 있고 호기심 가득할 수 있습니다. 따라서 쉽게 잘못된 행동을 하기도 합니다.

친구들과 학원을 같이 보내는 것이 문제가 된다고 보기는 어렵습니다. 따라서 부모님께서 아이의 성향을 반드시 파악하시고 아이와 충분히 이야기를 나눠보신 후에 결정하시기 바랍니다. 만약 학원을 보냈으나 아이가 너무 많은 일탈을 하게 된다면 당분간만이라도 과감하게 학원을 정리하시는 것도 좋은 방법이 됩니다.

3) 친절한 꿀팁

#진로_고민_방법 #학교알리미_활용

(1) 진로 고민, 이렇게!

성향에 따라 진로를 한 가지로 결정하고 꾸준히 정진하는 아이들도 있지만, 대부분의 아이들은 성적 등에 따라 진로를 고민하기도 합니다. 그렇기 때문에 진로가 아주 뚜렷한 것이 아니라면 진로를 딱 한 가지로 결정하기보다는 가장 좋아하는 것, 그 다음으로 좋아하는 것 등 이른바 '플랜 B'를 만드는 것도 아이들의 심리적 안정에 도움이 됩니다. 학생들과 진로에 관련된 상담을 하다 보면, 내가 결정한 꿈을 이루지 못할까봐 압박감이 상당한 학생들이 많습니다. 그렇기 때문에 딱 한 가지 꿈만 생각하기보다는 조금 분야를 넓혀 진로를 생각하고 고민하게 하면 심리적 불안감이 심한 아이들에게는 많은 도움이 될 수 있습니다.

(2) 학교에 관한 모든 정보는?

앞으로 다닐 수도 있는 몇 학교에 대한 정보를 얻고 싶지만 매번 학교로 전화해서 물어보기는 어렵고, 막연히 궁금한 경우도 있으실 것입니다.

이럴 때는 각 학교 홈페이지에서 공개된 정보를 통해 많은 내용을 확인하실 수 있습니다. 만약 학교 홈페이지에도 원하는 정보가 없다면 학교알리미 홈페이지(https://www.schoolinfo.go.kr)를 활용해 보시기 바랍니다. 여기에는 학교의 기본 정보 및 평가 정보까지 담겨 있어 궁금증을 대부분 해소하는 데 도움이 됩니다.

학교알리미 홈페이지 바로가기

새로쌤의 6학년 여름 방학 체크리스트

함께 체크해요!	완료!
학습적으로 부족한 부분은 보충 학습을 했나요?	
진로에 관해 가정에서 진지하게 고민을 시작했나요?	
관심 분야의 대회를 탐색했나요?	
체험학습 등으로 소중한 추억을 쌓았나요?	
문해력을 정성껏 점검했나요?	
배정받을 중학교에 대해 알아보았나요?	
학원 선택에 대해 가정 내 갈등이 있다면 충분한 대화를 통해 해결했나요?	
학교알리미 등의 사이트를 통해 배정 가능한 학교 정보를 확인했나요?	

3장 | 6학년 2학기
중학생에게 필요한 역량을 준비해요

이제는 더 이상 초등학생이 아니라는 느낌으로 초등학교 생활을 마무리하는 시기입니다. 중학생처럼 행동하고 연습해야 하는 것이 늘어나기 때문에 부모님 입장에서는 예전에 비해 아이가 스스로 해야 하는 것들이 많아져 아이가 답답해 보이실 수도 있습니다. 그렇기 때문에 가정에서 아이를 향해 잔소리를 하시는 때이기도 합니다. 그러나 아이가 스스로 연습할 수 있는 기회라고 생각하시고 많이 격려해 주시면 아이의 성장에 도움이 될 것입니다.

1) 꼼꼼한 준비

#무조건_스스로 #시간_체크_연습 #평가_방법_숙지
#중학교_입학_일정_확인 #영재교육기관_지원_가능

(1) 알림장 없이 스스로 챙겨야 해요
초등학교 때에는 선생님께서 알림장을 써 주시고, 다양한 소통 창구를 통해 부모님께 다시 한번 알려주시기도 합니다. 그러나 중학교에서는 알림장을 써 주지 않습니다. 실제로 중학교 1학년 초, 아직 중학교 생활에 익숙하지 않은 학부모님 중에서는 담임 선생님에게 모든 과목의 정보를 모아서 알림장을 작성해 달라고 요청하시는 부모님들도 계십니다.

초등학교에서는 교사가 담임을 맡으면 그 해에는 교과 전담 교사, 즉 영어나 과학 등의 과목만 맡아서 수업을 하는 역할은 하지 않습니다. 그러나 중학교에서는 담임 선생님도 우리 아이 반을 포함한 다른 반의 교과 선생님입니다. 모든 교사가 그렇습니다. 그렇기 때문에 현실적으로도 담임 선생님이 모든 교과의 정보를 모아 알림장을 적어 줄 필요도, 적어 줄 수도 없습니다. 이제는 교과 시간에 알려준 내용을 아이들이 스스로 적어 놓고 체크해야 합니다. 이렇게 체크된 내용을 바탕으로 평가가 이루어지기 때문에 6학년 때부터 알림장 이외에 수업 시간마다 알려준 내용을 스스로 적어 오는 연습을 할 수 있도록 해야 합니다.

(2) 시간을 지켜야 한다는 점을 알려 주세요

갓 중학교에 입학한 아이들에게 물어보면, 초등학교에서는 담임 선생님께서 대부분 평가를 진행하시기 때문에 문제의 난도에 따라 시험 시간을 조금 더 주시는 경우도 있다고 합니다. 그러나 중학교는 전 학년이 함께 치르는 중간고사, 기말고사라는 것이 있고 이때 울리는 종에 따라서 무조건 시험 시간을 종료해야 합니다. 아직 어린 학생들이기 때문에 한 문제만 더 체크하고 싶은 마음에 종이 울리고도 답안지에 체크하는 학생들이 종종 있습니다.

아이들의 안타까운 마음은 충분히 이해하지만 시간을 지켜 문제를 푸는 법, 또 그렇지 않았을 때 받을 수 있는 결과(과목별 0점 처리 등)를 충분히 이해할 수 있도록 가정에서 이야기해 주세요. 그렇지 않으면 시험을 필요 이상으로 두려워하거나 트라우마가 생길 수 있으니 꼭 시간을 지켜 시험을 마무리하고 문제를 푸는 연습을 해 주세요.

(3) OMR 카드 사용에 대해 연습이 필요해요

중학교에서는 대부분의 지필고사에서 OMR 카드를 사용합니다. 요즘 초등학생들은 진로 검사, 학원 시험 등을 통해 OMR 카드를 사용해 본 경험이 있어 생각보다 어렵지 않게 사용하기도 합니다. 그러나 중학교 시험에서 반드시 지켜야 할 것들을 기억하고 OMR 카드 사용 방법을 숙지해서 중학교에 입학하는 것이 좋습니다.

OMR 카드 사용 시 주의할 점
① 위쪽 또는 아래쪽에 인식되는 부분을 절대 손상하면 안 된다.
② 마킹하는 곳의 4/5 이상을 칠해야 오류 없이 읽힌다.
③ 마킹하는 곳의 바깥으로 나가는 경우에는 오류가 발생할 수 있다.
④ 다른 번호 칸에 작은 점이 묻으면 오류가 발생할 수 있다.
⑤ 번짐 현상으로 인해 오류가 발생할 수 있다.
⑥ 수정테이프를 쓰는 경우에는 수정테이프가 떨어지지 않도록 수정테이프 사용 후 2-3초 정도 누른다.
⑦ 카드에 사용할 펜이 어느 정도 이상 진하게 나와야 오류 없이 읽힌다.
⑧ 시험 종료 종이 울리기 3분 전에는 카드를 급하게 바꾸지 않는 편이 좋다.

① 아이들이 OMR 카드 위쪽 또는 아래쪽 검정 부분을 손상하거나 낙서를 하는 경우를 말합니다. 2학년만 되어도 많은 학생들이 시험이라는 것에 익숙해져서 하지 않는 행동이지만, 1학년의 경우에는 종종 별생각 없이 검정 부분을 손상하는 경우가 있습니다. 아이들이 입학 전 이 내용을 기억할 수 있도록 안내해 주세요.

② OMR 카드 번호 칸에 정말 점만 찍어서 제출하는 학생들이 생각보다 많습니다. 물론 시험 때마다 담임 선생님 및 교과 선생님들께서 이에 대해 정말 많이 안내를 해 주십니다. 그러나 아이들이 아직 미숙하고 연습이 되지 않아 실수하거나 놓치는 경우가 많습니다. 이런 경우 학업성적관리위원회 등을 개최해 아이의 점수에 대해 논의하는 등 학생도 선생님도 곤란해지는 경우가 발생하므로 마킹하는 곳의 4/5 이상 꼼꼼하게 칠할 수 있도록 알려주세요.

③ 학교에서 가장 많이 발생하는 경우입니다. 마킹하는 칸의 바깥까지 이어서 긋는 학생들이 많습니다. 특히 털털한 성격을 가진 아이들이 이렇게 행동하는데 이는 모두 학생의 책임이 된다는 점을 알려 주세요.

④는 조금 심각할 수 있습니다. 만약 정답이 3번인데 5번에 아주 작은 점이 묻어도 이중 답으로 읽힐 수 있습니다. 기계의 민감도에 따라 아주 작은 점도 마킹한 것으로 읽을 수 있으므로 만약 점이 원하지 않은 부분에 묻었을 경우 OMR 카드를 바꾸거나 수정테이프 사용이 가능한 학교라면 수정테이프를 사용해서 정리할 수 있도록 안내해 주세요.

⑤ 손에 땀이 많은 아이들은 OMR 카드를 작성하면서 카드 이곳저곳에 잉크나 사인펜을 묻힙니다. 이 경우 거의 열에 일곱 여덟은 오류가 납니다. 그

렇기 때문에 휴지 등으로 땀을 닦아 카드에 땀이 묻지 않도록 해야 합니다.

⑥ 학교에 따라 수정테이프를 사용할 수 있도록 하는 학교들이 있습니다. 이 내용은 학교의 홈페이지에 들어가면 시험 범위 안내 가정통신문을 통해 볼 수 있으며, 매년 변동 가능성은 있지만 대체로 비슷하게 유지됩니다.

수정테이프를 사용하고 난 후에는 반드시 꼭 눌러서 떨어지지 않도록 해야 합니다. 또한 절대 수정액은 사용하지 않는다는 점을 알려주세요.

⑦ 첫 시험에서는 아이들이 기존에 사용하던 컴퓨터용 사인펜, 흐리게 나오는 볼펜, 지워지는 볼펜 등을 사용해서 카드 작성을 하는 등 다양한 사건 사고가 많이 일어납니다. 반드시 진하게 나오는 새 펜을 사용해야 오류 없이 읽힐 수 있다는 점을 알려주셔야 합니다.

⑧ 가장 첨예한 이슈가 발생하는 부분입니다. 카드의 마킹은 반드시 시험 종료 종이 울리기 전에 완료해야 합니다. 그러나 시험 종료 3분이 채 남지도 않았는데 카드를 바꾸는 학생들이 있습니다. 결국 마킹을 다 하지 못한 채 끝내거나 종이 치고도 마킹을 계속하는 학생들도 있습니다. 속상한 부모님께서 학교에 오시기도 하지만 현실적으로 바뀌는 것은 없습니다. 아이들에게 꼭 시간을 지켜 카드를 작성해야 한다는 점을 주지시켜 주세요.

이와 같은 안내 및 시험 예행 연습은 중학교 입학 후 학교에서도 진행합니다. 그러나 아이들이 아직 미숙하고 중학교 적응이 되지 않아 실수가 잦습니다. 따라서 OMR 카드 이미지를 포털 사이트에서 검색해 프린트를 하고 직접 아이가 마킹까지 해볼 수 있도록 집에서 미리 연습을 하면 정말 많은 도움이 됩니다. 집에서 쓰던 한자 문제집이나 영어 문제집 등에 OMR

카드가 동봉된 경우가 있으니 그런 것들을 활용해도 좋습니다.

(4) 서술형 답안지 작성 방법도 알아야 해요

서술형 답안지 작성법은 사실 몇 가지만 잘 지키면 어렵지 않습니다. 그러나 '서술형 답안' 자체를 다른 답안지에 써야 한다는 것을 인지하지 못하고 시험을 종료하기도 하는 등 여러 가지 일들이 발생하기도 하므로 몇 가지만 가정에서 미리 챙겨주시면 좋을 것 같습니다.

> **서술형 답안지 작성법**
> ① 각 문제는 각 답안지 칸에 쓴다.
> ② 글자는 최대한 또박또박 쓴다.
> ③ 조건에 들어가야 하는 것들을 포함해서 쓴다.
> ④ 틀렸을 때는 정확히 두 줄을 긋고, 또는 학교에 따라 수정테이프를 활용해서 깨끗하게 쓴다.

① 보통 1번 문제에서는 잘 발생하지 않습니다. 그러나 뒤로 갈수록 칸이 부족하여 3번 문제인데 4번 칸에 작성하거나 하는 일이 발생하기도 합니다. 만약 칸이 부족할 문제라면 보통 학교에서 여분의 서술형 답안지를 준비합니다. 그렇지 않다면 칸 안에 쓸 수 있는 정도의 답안이므로 반드시 각 문제는 각 답안지에 작성해야 합니다. 밀려서 쓴 경우에는 이슈가 발생해 0점 처리까지 발생할 수 있다는 점을 아이가 인지할 수 있도록 해 주세요.

② 글자는 최대한 또박또박 쓸 수 있도록 합니다. 꼭 서술형 답안지를 위한 것만이 아니더라도 아이와 함께 서술형 평가를 위한 글자 연습을 해 나가는 것도 필요한 시기입니다. 중학교에서는 서술형 평가 채점을 선생님

한 분이 하시지 않고 다른 선생님들과 함께 채점하기에 글자 해석에 이견이 있다면 좋은 점수를 받기 어렵기 때문입니다.

③ 국어 과목을 예시로 들어보면 '단, 종결 어미 '-(이)다'를 사용해서 문장을 완성하시오.' 등의 조건을 붙이고 서술형 문제를 내기도 합니다. 아무리 다른 것을 잘 써도 조건을 지키지 않으면 채점 시 감점이 되거나 0점 처리되는 경우도 있으니 반드시 조건을 지켜 쓰는 연습을 미리 하면 좋습니다.

④ 아이들이 서술형 답안 작성 시, 글자를 틀리거나 다시 쓰고 싶어서 쓱쓱 낙서처럼 지우는 경우도 1학년에서는 상당히 많습니다. 그러나 답안을 다시 쓰고 싶다면 정확히 두 줄을 긋고 다시 쓰거나 학교에 따라 수정테이프 사용이 가능하다면 수정테이프를 사용하여 깨끗하게 한 후 다시 쓰도록 합니다. 이 역시도 집에서 1-2회 연습해 보면 시험 때 적응하기 쉬워집니다.

(5) 학습지도 아이가 스스로 챙겨야 해요

앞서 아이들이 스스로 챙겨야 한다는 것과 비슷하지만, 이번엔 '분실'에 관한 내용입니다. 중학교에서는 학습지 등을 분실했다면 다시 주시지 않기도 하며, 일단은 선생님께 가서 직접 말씀을 드려야 다시 받을 수 있기도 합니다. 또한 기한 내에 잃어버린 학습지를 다시 받지 않거나 확인 도장을 받지 않으면 평가 점수가 깎이기도 합니다.

따라서 6학년 2학기 때에는 학습지를 챙기는 방법, 학습지 개수를 체크하는 방법 등을 스스로 할 수 있도록 지도해 주세요. 특히 꼼꼼하지 않은 성격의 학생이라면 조금 힘들더라도 2학기 때 연습하면 중학교 생활이 훨씬 수월해집니다.

(6) 특성화중학교 일정을 확인하고 지원해요

만약 특성화중학교를 지원할 생각이 있고 준비를 했다면 빈드시 일정을 확인하시고 놓치지 않도록 준비하셔야 합니다. 2학기 때 원서 작성, 시험 등이 시작하기 때문입니다.

또한 혹시 아이가 지원 후 합격하지 않더라도 괜찮다는 응원이 필요합니다. 꼭 특성화중학교에 가지 않더라도 다른 방법으로 원하는 꿈을 이룰 수 있으며, 특성화중학교가 자신의 성향과 맞지 않아 일반 중학교에 전학 오는 학생들도 있기 때문에 너무 상심하기보다는 앞으로의 목표 달성을 위해 도약하는 기회로 삼는 것이 좋습니다.

(7) 중학교 입학 원서를 제대로 작성해요

초등학교에서 2학기가 되면 중학교 입학 원서 작성을 위한 여러 안내를 할 것입니다. 서울특별시교육청은 원서를 학교에서 NEIS 시스템으로 일괄 제출하지만 부모님께서 준비해야 할 서류들이 있으므로 학교 안내를 잘 따라서 진행해야 합니다.

2025학년도 중학교 입학 배정을 위해 서울특별시강남서초교육지원청에서 발표했었던 공통서류는 다음과 같습니다. 관련 서식 양식 등은 가독성을 높이기 위해 삭제했습니다.

가. 공통서류
  1) 중학교 입학 배정 원서
  2) 주민등록등본

가) 전 가족이 등재된 1개월 이내 발급 등본

나) 세대주가 부모 중 1인으로 구성된 단독 세대 구성

다) 세대주가 조부모인 경우 세대원에 부모 반드시 포함하며, (부모)가족 관계증명서 추가 제출

라) 주민등록번호 뒷자리 삭제, 세대주와의 관계 반드시 표시

마) 전 가족이 등재되지 않은 경우, 공통사항 목록의 '주민등록등본상 전 가족이 함께 등재되어 있지 않은 경우 확인 서류'를 확인하여 추가 서류 제출

바) 입주 예정 신규아파트로 주민등록등본에 미등재인 경우

   (1) 가능한 서류: 입주예정증명서

   (2) 대상: 2025년 12월까지 입주 예정인 신규아파트

   (3) 부모 중 1명이 입주 예정자 및 (조합원)분양계약자인 경우

※ 전·월세 제외

[출처 : 서울특별시강남서초교육지원청 2025학년도 중학교 입학 배정업무 시행계획]

이와 같은 준비 서류는 해마다 조금씩 바뀝니다. 따라서 담임 선생님의 안내를 반드시 꼼꼼하게 읽고 따라주시면 큰 문제는 없이 원서가 접수됩니다.

만약 쌍둥이, 다자녀 학생 등 다음에 해당하는 예시들은 부모님께서 챙겨주시고, 적어도 10월이 되기 전에 담임 선생님께 미리 말씀드리는 편이 좋습니다. 아래의 표를 참고해 주세요. 제출 기한과 관련 서식 양식 등은 가독성을 높이기 위해 삭제했습니다.

나. 대상자별 추가 서류

연번	해당자	제출 서류
1	다른 시·도 졸업자	① 졸업장 원본과 사본 또는 졸업증명서(원본은 접수 시 사본과 대조 후 반환)
2	검정고시 합격자	① 합격증 원본과 사본 또는 합격증명서(원본은 접수 시 사본과 대조 후 반환)
3	초등학교 졸업자와 동등 학력 인정 자	① 초등학교 졸업 학력을 증명할 수 있는 서류(「초·중등교육법 시행령」 제96조 관련)
4	쌍둥이 (세쌍둥이 이상 포함)	① 쌍둥이 동일 학교 배정 희망 신청서 (동일 학교 배정을 원하는 쌍둥이가 모두 신청서 제출) ② 쌍둥이 동일 학교 배정 희망 대상자 명단 (초등학교에서 작성)
5	다자녀 가정 학생	① 다자녀 가정 학생 동일 학교 배정 희망 신청서 ② 형제·자매·남매의 중학교 재학증명서 ③ 다자녀 가정 학생 동일 학교 배정 희망 대상자 명단 (초등학교에서 작성)
6	국가보훈부 지정교육지원 대상자 (보훈자 자녀)	① 국가보훈부 지정 교육지원 대상자 동일 학교 배정 희망 신청서 ② 형제·자매·남매의 중학교 재학증명서 ③ 보훈대상 교육지원 대상자 증명서 ④ 국가보훈부 지정 교육지원 대상자 동일 학교 배정 희망 대상자 명단(초등학교에서 작성)
7	「학교폭력 예방 및 대책에 관한 법률 시행령」 제20조 제4항 해당자	① 학교폭력대책심의(자치)위원회 조치결정 통지서 사본 (학교장의 원본대조 필 확인) ② 대상자 명단(학교폭력 가·피해 학생 현황) ※ 학교폭력대책심의(자치)위원회를 개최 요청 또는 개최한 학교에서 제출
8	교직원 자녀	① 교직원 자녀의 다른 학교 배정 신청서 ② 교직원인 부모의 재직증명서 ③ 교직원 자녀의 다른 학교 배정 신청자 명단(초등학교에서 작성)

[출처 : 서울특별시강남서초교육지원청 2025학년도 중학교 입학 배정업무 시행계획]

이외에도 특별 배정 대상자(체육특기자, 특수교육대상자, 근거리통학대상자)는 별도 시행계획에 따른 소정의 서류를 첨부해야 합니다. 특히 이 특별 배정 대상자는 일반 원서와는 다르게 일정을 미리 준비해야 합니다. 또한 체육특기자의 경우는 따로 준비할 것들이 있으므로 교육청의 '중학교 배정'과 관련된 문서를 미리 확인하셔야 합니다.

(8) 관심 있는 영재교육기관에 지원해요

'영재교육'은 우리나라 특별법인 '영재교육진흥법'에 따른 것으로, '영재를 대상으로 각 개인의 능력과 소질에 맞는 내용과 방법으로 실시하는 교육'을 말합니다. 어렸을 때부터 특정 분야에 흥미를 느끼고 있거나, 빠르게 진로를 생각한 아이들 중에서는 여러 영재교육기관에서 운영하는 프로그램에 초등학교 때부터 지원해서 활동하거나 관심 있게 생각하고 있었던 학생들도 있을 것입니다. 영재교육 하면 보통은 '과학', '수학' 영재만 있다고 생각하시기도 하지만 그렇지 않습니다. 중학교 때에는 초등학교 때보다 더욱 심화된 영재교육이 진행되기 때문에 관심이 있는 학생들은 영재교육종합데이터베이스, GED 홈페이지를 자주 살펴보는 것이 좋습니다.

영재교육종합데이터베이스 홈페이지(https://ged.kedi.re.kr)에서 일정 등을 살펴보면 어떤 영재교육이 있으며 어떻게 지원해야 하는지 알 수 있습니다. 영재교육을 받는다 해서 학교생활에 더 특별한 이득이 있지는 않습니다. 학교생활기록부에 입력은 되나 그것 역시 크게 특목고등학교 입시를 좌우할 수 있는 항목은 아닙니다. 그러나 이 경험을 통해 아이들이 배우고 성장하기에 헛된 경험은 아니라고 생각합니다. 또 같은 과목을, 같은 분야를 좋아하는 친구들과 함께 하는 시간이 값지다는 경험담도 제자들을 통해 들을 수 있었습니다. 따라서 영재교육기관 지원에 생각이 있다면 일정을 미리 살펴봐 주세요.

 영재교육종합데이터베이스 홈페이지 바로가기

2) 완벽한 Q&A

`#미리_준비하는_독서`   `#예체능_진로_고민`

Q: 독서가 중요하다고 하는데, 이 시기의 독서는 어떻게 하면 될까요?

A: 중학교에는 각 학교마다 독서기록장 양식이 있습니다. 온라인을 활용하는 학교들도 있지만 아직까지 손으로 작성해서 직접 선생님께 제출하는 형태로 진행되는 학교들도 많습니다. 이 독서 활동은 학교생활기록부에 학생의 개인적 활동으로 입력할 수 있는 몇 안 되는 활동입니다. 따라서 중학교에 입학해서 독서기록장을 작성하고 제출할 수 있도록 진로와 관련된 여러 책들 위주로 미리 읽는 것이 좋습니다. 만약 아이가 독서에 흥미가 없다면 서점에 방문하여 아이가 관심을 보이거나 읽고 싶어 하는 책을 고르게 하는 것도 방법입니다.

Q: 아이가 지금껏 한 번도 해보지 않은 예체능 활동에 관심을 가지는데, 시켜도 될까요?

A: 현실적으로 예술중, 체육중 입시는 거의 입학 지원 자체가 끝났거나 지원 중인 때가 많은 지금입니다. 그러나 꼭 예술중, 체육중에 가지 않더라도, 혹은 지원 학교의 입학 시험을 치르기만 해도 아이에게는 큰 경험이 될

것입니다. 가정의 상황이 허락하고 아이가 진심으로 예체능 활동에 관심을 보인다면 6학년 2학기부터 지원해주셔도 좋습니다. 아이가 원하는 활동과 그에 따른 진로 준비를 한 번도 하지 못하는 것보다는 무엇이든 해 보는 것이 더 좋은 편이라고 생각하기 때문입니다. 대신 중학교 입학 후 아이가 더욱 진지하게 진로에 대해 생각할 수 있을 때가 되면, 가족들과 함께 아이가 다시 한번 자신의 진로에 대해 선택할 수 있도록 도와 주시면 좋습니다.

3) 친절한 꿀팁

#학교_안내_사항_확인   #학교_방문_사전예약제

(1) 학교의 알리미 및 학교 홈페이지를 정기적으로 확인해 주세요

서울의 많은 학교들은 종이 가정통신문 대신 'E-알리미' 등을 활용합니다. 다른 지역 역시 '학교종이' 등의 앱을 활용하기도 합니다. 2학기에는 여러 가지 안내가 계속되는 때이므로 학교 홈페이지를 정기적으로 확인할 필요가 있습니다.

(2) 학교를 방문할 때에는 사전 예약을 해야 해요

서울특별시교육청에서는 2024년 10월 1일부터 '학교 방문 사전 예약제'가 전면 실시되었습니다. 따라서 학교 방문을 예약 없이 할 수 없습니다. 반드시 외부 방문인이 예약을 하고 승인을 받은 경우에만 학교에 방문할 수 있게 되었습니다. 다른 시도교육청 역시 이와 비슷한 제도를 시행하고 있거나 시행 계획을 추진 중에 있는 곳도 있습니다.

따라서 선생님께 사전에 방문 요청을 드린 후 예약이 승인되면 예약한 날짜에 신분증을 지참하시고 배움터 지킴이실 등 안내실을 경유한 후, 방문증을 패용하고 지정된 장소에서 상담 등의 업무를 처리하실 수 있게 됩니다.

새로쌤의 6학년 2학기 체크리스트

함께 체크해요!	완료!
알림장 없이 스스로 챙기는 것을 연습했나요?	
시간을 꼭 지켜서 행동해야 하는 것을 연습했나요?	
OMR 카드 사용에 대해 연습했나요?	
서술형 답안지 작성 방법을 숙지했나요?	
학습지를 스스로 챙기는 것을 연습했나요?	
중학교 입학 일정을 확인하고 지원했나요?	
중학교 입학 원서를 제대로 작성했나요?	
관심 있는 영재교육기관에 지원했나요?	
독서 활동을 진행하고 있나요?	

4장 | 6학년 겨울 방학
중학교 생활 준비를 위해 꼼꼼하게 챙겨요

　이 시기를 운영하는 방법은 학교마다 조금씩 다릅니다. 2학기를 1월까지 하고 졸업식을 하는 학교와, 12월 말에 방학을 하고 2월에 졸업식을 하는 학교로 나눌 수 있습니다. 이 기간에 가장 중요한 것은 '중학교 입학 준비' 입니다. 부모님께서 관심을 가지고 챙겨주시는 것과 동시에 아이가 중학교 생활을 스스로 해낼 수 있도록 응원해 주세요.

1) 꼼꼼한 준비

`#중학교_배정_일정` `#중학교_입학_준비` `#배정_학교_관련_사이트_확인`

(1) 중학교 배정 결과를 확인해요

　약간의 지역별 차이는 있지만 대부분의 지역에서 1월 중순부터 2월 초 사이에 중학교 배정 결과를 알 수 있습니다. 그리고 뒤이어서 각 중학교에 배정통지서 제출 및 예비소집일 일정이 있습니다. 따라서 그 배정 관련 일정을 미리 확인해 두시면 좋습니다.

(2) 재배정을 원한다면, 재배정 조건 먼저 확인해 주세요

중학교 재배정은 모든 학생들에게 해당하지 않으며, 해당한다 하더라도 조건에 부합하지 않으면 신청되지 않습니다.

재배정의 목적은 중학교 입학 본배정을 받은 학생이 학교군을 달리한 거주지 이전 등의 사유로 재배정 희망 시 입학 전 배정을 하기 위함에 있습니다.

2025학년도 서울특별시강남서초교육지원청 재배정 대상 가능 학생 조건은 다음과 같았습니다.

가. 거주지 변동

1) 서울특별시 중학교 입학예정자 중 배정 원서 접수 마감일 이후부터 재배정 원서 접수일 전까지 다른 교육지원청 또는 관내 다른 학교군에서 전 가족이 거주지를 이전한 자

※ 동일 학교군 내에서 거주지를 이전한 경우는 대상 제외

2) 다른 시·도 중학교 입학예정자 중 재배정 원서 접수일 전까지 전 가족이 서울특별시로 거주지를 이전한 자

나. 거주지 변동 외

1) 초등학교를 졸업한 자와 동등 이상의 학력이 있다고 인정된 자(초·중등교육법 시행령 제96조)로서 중학교에 배정받은 일이 없고 전 가족이 서울특별시에 거주하는 자

2) 국내·외 12학기를 이수한 귀국 학생(인정유학자) 및 다문화 학생으로서 중학교 배정을 받은 일이 없고 전 가족이 서울특별시에 거주하는 자

가) 국내·외 12학기를 이수한 미인정유학자로서 중학교 배정을 받지 못한

자는 2025. 3. 4. 이후 거주지 관할 교육지원청으로 귀국자 재취학 신청

나) 귀국 후 2025. 1. 1. 이후 초등학교로 재취학한 학생은 반드시 재배정 신청

3) 가거주자로 확인되어 초등학교에서 재배정을 의뢰한 자

4) 2025학년도 중학교 입학 특별배정(체육특기자, 특수교육대상자, 근거리통학 대상자)을 받은 자로서 배정받은 중학교 등록을 포기하고자 하는 자

　※ 특수교육대상자의 경우 특수교육운영위원회 심사를 받아 '특수교육대상자 선정 취소 통지서'를 첨부하는 자에 한함

5) 부모가 교직원으로 재직하고 있는 같은 학교에 배정되어 다른 학교로 배정을 희망하는 자

6) 특수교육대상자인 형제·자매·남매와 동일 학교 또는 다른 학교 배정을 희망하는 자

7) 학교폭력 피해자로 가해자와 동일 학교에 배정되어 다른 학교 배정을 희망하는 자

　※ 학교폭력대책심의위원회 결과 가해 학생이 전학 조치를 받지 않았으나 가·피해학생이 동일학교에 배정되어 피해 학생이 재배정을 희망하는 경우

8) 가정폭력·아동학대 피해자(학생이 피해자의 가족구성원인 경우 포함)

9) 성폭력 피해자(학생이 피해자의 가족구성원인 경우 포함)

10) 장애 정도가 심한 장애 부모의 자녀

11) 근거리 통학 대상자

12) 그 밖에 불가피한 사유로 교육장이 정하는 사유에 해당하는 자

[출처 : 서울특별시강남서초교육지원청 2025학년도 중학교 입학 배정업무 시행계획]

　이외에도 재배정 신청 사유에 해당하는 경우가 있을 수 있으며, 해마다 조금씩 그 내용이 바뀌기도 합니다. 재배정과 관련된 문의는 해당 교육지원청에 문의하거나 초등학교에서 배부한 가정통신문에 기재된 재배정 관련 문의처로 문의하시면 됩니다.

　재배정을 신청할 때에는 각 시·도 간 중학교 배정 일정이 다를 수 있으므로 재배정 접수 일정 및 구비 서류 등을 관할 교육지원청에 별도로 확인해 부모님께서 개별 접수해야 합니다. 즉, 다니고 있는 초등학교에서 재배정 신청 업무를 해 줄 수 없다는 점을 기억해야 합니다.

(3) 배정통지서를 제출하고 예비소집일에 참석해요

　일반적으로 중학교 배정 발표 후 당일 또는 그 다음날부터 중학교 입학 등록 기간이 시행됩니다. 만약 배정통지서를 분실했다면 소속 초등학교나 배정 중학교에 문의하는 것이 빠릅니다. 그러나 졸업식을 이미 한 초등학교라면 배정통지서 재발급이 원활하게 진행되지 않을 수 있으므로 최대한 잃어버리지 않도록 배정통지서를 받은 당일 챙겨주시기 바랍니다. 이 배정통지서와 초등학교에서 챙겨준 서류 등을 가지고 배정 받은 중학교에 등록하면 배정통지서 제출은 완료됩니다. 그 후 중학교에서 안내하는 예비소집일에 참석하면 됩니다.

(4) 예비소집일에는 이런 활동을 해요

중학교에 배성통시서 제출을 하면 언제 예비소집일인지, 그날 무엇을 할 예정인지 알려줍니다. 예비소집일은 반드시 참석하여 여러 안내를 받는 것이 좋습니다. 따라서 여행 등의 일정은 예비소집일을 피해 잡는 것이 좋습니다. 특별한 일이 있어 일정이 잡혀 있다면 어쩔 수 없지만, 예비소집일은 참석하는 편이 아이의 혼란을 줄이는 데에도 도움이 됩니다.

예비소집일에는 반 배정과 관련된 시험, 교과서 배분, 학교 안내 등이 있을 수 있기 때문에 예비소집일 당일 전후 시간을 넉넉하게 비워두시는 편이 좋습니다.

(5) 배정받은 학교 홈페이지와 학교알리미를 꼼꼼하게 확인해요

배정을 받은 중학교 홈페이지의 작년 가정통신문 및 공지사항을 한번 훑어보시면 학교가 어떤 일정대로 진행되는지 대략적으로 흐름을 살펴볼 수 있습니다. 또한 학교 홈페이지뿐만 아니라 학교알리미 홈페이지(https://www.schoolinfo.go.kr)를 꼼꼼하게 확인하면서 학교의 정보를 알아두는 것도 도움이 될 수 있습니다.

학교알리미 홈페이지 바로가기

(6) 입학 관련 준비물을 준비해요

중학교는 초등학교와는 다르게 교복을 입는 경우가 많습니다. 요즘은 교복보다는 생활복, 체육복, 학교 점퍼 등을 입는 곳이 더 많습니다. 이러한 내용도 학교 배정통지서 제출 시 받는 안내문에 자세히 나와 있습니다.

교복 구매를 미루다가 입학식 때 교복을 입지 못하는 경우도 있기에 정해진 기간 내에 빠르게 주문하고 구입하는 것이 좋습니다.

교복 구매 시 옷 사이즈는 고민되는 부분 중 하나입니다. 급성장이 오는 중학생들이 많기 때문에 교복 사이즈를 딱 맞게 주문하기보다는 약간 넉넉하게 고르는 것이 좋습니다.

또한 옷을 험하게 입거나 분실을 자주 하는 아이들도 있기 때문에 마음을 편히 가지시는 편이 좋습니다. 중학교에는 모든 아이들이 같은 옷을 입기 때문에 의도하지 않게 옷이 분실되거나 교복이 바뀌기도 합니다. 그렇기 때문에 고가의 옷은 피해서 준비하시는 편이 좋습니다.

아이들이 현실적으로 가장 많이 입는 옷은 체육복입니다. 체육 관련 활동이 일주일에 적어도 3-4일 들어있는 학교가 많습니다. 학교 규정에 따라 체육복을 입고 등교할 수 있는 학교라면, 아이들은 굳이 교복을 입기 위해 체육복을 갈아입지 않습니다. 이에 대한 규정은 '학교생활규정' 등을 살펴보면 됩니다. 이 학교생활규정은 학교 홈페이지에 올라와 있거나 학교알리미 홈페이지(https://www.schoolinfo.go.kr)의 '학교별 공시정보〉교육활동〉학교규칙 및 학교운영에 관한 규정'에 작년 규정이 올라와 있습니다. 특별한 경우가 아니면 매해 비슷하게 유지되며, 자세한 내용은 예비소집일 등에 배부되는 안내문에 따르면 됩니다.

학교알리미 홈페이지 바로가기

2) 완벽한 Q&A

`#예비소집일` `#입학_준비물` `#친구_없이_중학교_배정` `#문제집_구매`

Q: 배정통지서를 제출하러 중학교에 갈 때 아이만 보내도 되나요?

A: 보통은 아이만 보내도 괜찮습니다. 그러나 요즘에는 각 교육청별로 입학준비금 사용법이나 교복 안내 등 다양한 안내를 하는 경우도 많으므로 아이가 가정에서 장녀, 장남인 경우, 부모님이 오실 수 있다면 부모님과 함께 오는 것을 추천드립니다. 배정통지서 제출 시 예비반을 알려주는 학교도 있습니다.

Q: 예비소집일에는 무엇을 하나요?

A: 교과서가 준비되어 있는 학교라면 교과서를 나누어주고 각종 안내 서류를 나누어줍니다. 또한 반 배정을 위한 다양한 검사(적성검사, 기초적인 학력 검사)를 하는 학교들도 있습니다. 또한 입학식 안내 등 다양한 안내가 이루어지기 때문에 예비소집일은 빠지지 않고 참석하는 것을 권합니다.

Q: 아이가 친구들이 없이 거의 혼자서 중학교 배정을 외따로 받았어요. 아이가 잘 적응할 수 있을까요?

A: 정답은 없습니다. 아이의 성향상 어디서든 친구를 잘 사귀는 아이라면 외따로 배정을 받아도 친구를 금방 사귈 수 있습니다. 그러나 조금 낯을 가리는 성향이라면 중학교에 가더라도 친구를 사귀는 데에 시간이 걸릴 수 있습니다. 그러나 이런 이유로 재배정을 받기는 사실상 어렵습니다. 그리

고 아이가 힘들 때마다 아이의 환경을 바꾸어 주기 어렵기도 합니다. 대신 부모님께서 아이를 많이 응원해 주시고 지지해 주신 후에, 2-3개월이 지났는데도 아이가 너무 힘들어하면 그때 다시 한번 고민해 보시는 것을 추천드립니다.

Q: 교복 이외에 다른 준비물은 없을까요?

A: 있습니다. 책가방, 필통이나 필기도구, 실내화 등을 준비하시면 됩니다. 실내화 주머니는 학교에서 알려주는 대로 하시면 됩니다. 학생 수가 적고 교실이 넉넉한 학교라면 전교생의 실내화를 보관할 수 있는 곳이 학교 1층에 있는 경우도 있으니 미리 준비하지 마시고 예비소집일 안내문에 따라 준비하시는 것이 좋습니다. 다른 학생 생활 규정이나 교복 규정 역시 학교 알리미 홈페이지(https://www.schoolinfo.go.kr)의 학생생활규정에 따라 진행되며 입학하는 해에 바뀌는 것들은 따로 학교 홈페이지 등을 통해 안내가 될 예정이니 그에 따라 준비하면 됩니다.

학교알리미 홈페이지 바로가기

Q: 자습서, 문제집을 구매해야 할까요?

A: 몇 권은 구매하는 것이 좋습니다. 만약 어떤 자습서나 문제집을 구매할지 고민된다면, 배정받은 학교의 교과서 출판사를 살펴보면 됩니다. 교과서 출판사는 중학교 등록을 하는 날 보통 가정통신문으로 안내해 주는 경우가 많습니다. 또 학교 홈페이지 공지사항에 나와 있기도 합니다.

그러나 자습서는 사실 꼭 구입하지 않아도 됩니다. 모든 평가 문제는 교과 선생님의 수업에서 출제되기 때문입니다. 예를 들어 수학이나 과학은 어느 정도 공통적인 교과 내용이 있고 그것을 기반으로 수업을 통해 시험 출제를 하는 교과입니다. 반면 영어와 국어 교과는 교육과정은 공통이라 해도 교과서 내 지문이 출판사별로 다릅니다. 또 선생님들께서 새로 지문을 선정하는 경우도 있습니다. 따라서 영어, 국어 등의 교과는 문법 파트를 제외하고는 학교별, 수업별로 차이가 있다는 점을 참고해 주세요.

교과서를 그대로 수업하지 않고 재구성하여 수업하시는 선생님들도 많으시기 때문에 자습서를 모든 과목 구매하기보다는 일단 입학 후 2–3주 정도 수업한 후 구매하는 것도 나쁘지 않습니다.

Q: 아이가 초등학교 때 사이가 심하게 좋지 않은 친구 또는 학교 폭력까지 갈 뻔한 친구와 같은 중학교로 배정을 받게 되었습니다. 방법이 없을까요?

A: 아이들은 생각보다 구성원에 따라 관계가 여러 번 변하기 때문에 사이가 약간 좋지 않은 친구라면 그대로 반 배정을 받아들이는 것도 괜찮습니다. 그러나 학교 폭력과 관련된 사이라면 배정통지서를 제출한 날 해당 학교 학적 담당 선생님께 미리 말씀드리는 편이 낫습니다. 말씀을 드린다고 해서 학교에서 무조건 부모님의 뜻을 반영해 주시지는 않습니다. 학교 역시 여러 가지 확인 절차를 거쳐야 하기 때문입니다. 그러나 객관적으로 분리 조치가 필요한 관계라면 학교 측에 말씀을 드리는 것도 나쁘지 않습니다.

3) 친절한 꿀팁

#교과서_훑어보기 #보충_학습

(1) 받아 온 모든 교과서를 훑어보면 도움이 돼요

중학교에서 받아 온 교과서를 부모님과 함께 1주 정도 훑어보는 시간을 가지면 아이의 학습 및 심리적 안정에 도움이 됩니다. 이는 중학교에서는 어떤 내용을 배우고, 또 어떻게 수업이 진행될지 생각해 보는 좋은 계기가 됩니다.

(2) 보충 학습이 필요한 부분에 대해 정리할 시간을 가져요

중학교 입학 후 당분간은 아이도 부모님도 학교에 적응하느라 여러모로 정신이 없을 것입니다. 따라서 아이가 지금 공부하고 있는 부분을 더 심화하거나 학습량을 늘리기보다는 부족한 부분을 보충하고 정리하는 시간을 갖는 것이 좋습니다. 그 후 3월이 지나고 아이에게 필요한 부분을 학습하는 편이 더욱 효과적입니다.

새로쌤의 6학년 겨울 방학 체크리스트

함께 체크해요!	완료!
중학교 배정 결과를 확인했나요?	
여러 사정으로 재배정을 원할 경우, 재배정 조건을 확인했나요?	
중학교 예비소집일 일정을 확인했나요?	
배정받은 학교 홈페이지와 학교알리미를 꼼꼼하게 확인했나요?	
중학교 입학 준비물을 차근차근 준비했나요?	
예비소집일에 받아 온 교과서를 훑어보았나요?	
보충 학습이 필요한 부분을 정리했나요?	

6학년을 위한 새로쌤의 완벽한 핵심 단어 (스스로)

중학교 입학 전 가장 중요한 것은 무조건 아이가 무엇이든지 스스로 해보도록 돕는 것입니다. 초등학교 때까지 누군가의 도움으로 했던 모든 행동이, 중학교 때에는 스스로 해야 하며 더 많은 양을 챙겨야 한다는 점, 그리고 그 책임 역시 부모님이 대신 지어줄 수 없다는 것을 꼭 아이가 알게 해 주세요. 새 출발을 앞둔 아이에게 정서적인 응원과 지지 역시 꼭 필요합니다.

중학교 1학년

: 중학교 생활, 완벽한 첫걸음

1장 | 1학년 1학기
확인해야 할 것들을 놓치지 않아요

이 시기는 긴장감이 유독 심한 때입니다. 특히 아이가 가정에서 첫 아이라면 그 긴장감이 더하기도 합니다. 그러나 아이가 고군분투하고 있으니, 중학교에 잘 적응할 수 있도록 많은 격려와 지지가 필요한 때입니다. 또 아이는 사춘기를 앞둔 시기이기도 하니 부모님께서 미리 아이의 변화에 대비하고 건강한 가정이 될 수 있도록 함께 노력해 주세요. 더불어 아이가 학업적으로도 많은 변화를 앞두고 있다는 점도 기억해 주세요.

1) 꼼꼼한 준비

`#제출_서류` `#기초학력_진단평가` `#학부모_상담` `#학교_활동_선택`
`#독서기록상황` `#출결_관리` `#대회` `#학생_선수_등록`

(1) 가정통신문, 제출 서류 등을 꼼꼼하게 확인해요

모든 학교에서는 예비소집일을 포함하여 개학 첫 주부터 한 달 내외로 회신이 필요한 서류들을 발송합니다. 이 회신 서류들을 모아 행정지원부서로 제출해야 하는 역할을 담임 선생님께서 맡습니다. 서류 수합이 늦어지면 학교 전체의 행정 처리가 늦어집니다. 그렇기 때문에 꼭 기한을 맞춰 제출할 수 있도록 해 주세요. 보통 중요한 알림은 학교 홈페이지 및 알림 소통 어플 등을 통해 미리 안내가 됩니다. 예비소집일에 안내된 입학준비금 또한 기한 내에 모두 소진할 수 있도록 해야 합니다.

(2) 기초학력 진단평가가 있어요

서울특별시교육청의 경우 초등학교 때에도 학기 초가 되면 고학년 학생들에게는 기초학력 진단평가를 진행합니다. 타 시도의 교육청별 기초학력 진단평가 역시 운영은 비슷할 것입니다. 서울특별시교육청의 경우, 30문항으로 된 국어, 영어, 수학, 사회, 과학 시험을 치르게 됩니다. 과목 선택 역시 학교별로 조금씩 다를 수 있습니다.

이 시험 결과를 바탕으로 기초학력이 부진한 학생은 학교 내 여러 종합적인 기준에 따라 기초학력 보충 대상자가 될 수 있습니다. 따라서 아이들이 기초학력 진단평가를 꼼꼼하게 치를 수 있도록 가정에서 격려해 주세요.

다음은 기초학력을 준비할 수 있는 문제집입니다.

책 표지	책 제목과 추천 이유
	**EBS 기초학력 진단평가 중학 1학년** 추천 이유 : EBS에서 기초학력 진단평가 준비를 위한 문제집을 출간했습니다. 구성은 모의고사 3회와 온라인 모의고사 2회분으로 되어 있으며, 이 문제를 통해 아이가 어느 부분이 부족한지 미리 파악해 볼 수 있습니다.

(3) 학부모 상담에서는 필요한 사항 위주로 이야기해요

1학기가 시작되고 약 2-3주가 지나면 '학부모 상담 주간'이 시작됩니다. 현실적으로 1학기에는 담임 선생님 또는 교과 선생님께서 아이들을 파악하기에는 짧은 시간입니다. 따라서 부모님들께서는 담임 선생님께 꼭 알려야 하는 사항 위주로 상담을 하시면 됩니다.

첫째, 아이의 건강과 관련된 사항입니다.

이미 학기 초 제출한 보건 상담 기록지에 아이의 건강과 관련된 내용을 적으셨을 것입니다. 그러나 담임 선생님과 상담 시 한번 더 말씀해 주시면 좋습니다.

둘째, 아이의 학습과 관련된 사항입니다.

보통의 학생들은 특별히 선생님께 말씀드릴 내용이 없을 수도 있습니다. 그러나 아이가 조금 산만한 경우, 학습에 도움이 필요한 경우, 아이가 체육이나 음악 등 입시 준비를 하고 있는 경우라면 말씀드리는 것이 좋습니다. 부모님께서 말씀하지 않으셔야 할 것은 우리 아이가 공부를 잘한다거나,

다른 아이에 비해 선행을 많이 했다는 등의 내용입니다. 중학교 시험을 통해 아이의 성적을 곧 알 수 있기 때문에 아이의 초등학교 때 성적을 이야기하지 않는 것이 바람직합니다.

셋째, 아이의 교우 관계와 관련된 사항입니다.

아이가 무리 없이 교우 관계를 지속해 왔다면 괜찮지만 초등학교 때 어려움을 겪은 경우, 성격상 사회성이 약간 부족하다고 느끼는 경우 등에 한해 가볍게 말씀드리는 편이 좋습니다. 선생님께서 아이에 대해 편견을 가질 것이라는 걱정은 하지 않으셔도 좋습니다. 선생님께서는 아이에게 배려해 주실 수 있는 부분을 확인한 후 아이가 학교에서 잘 지낼 수 있도록 도움을 주실 것입니다.

(4) 자유학기제의 취지를 알고 학교생활을 파악해요

자유학기제는 아이들의 꿈과 끼를 키워주기 위해 중학교 1학년을 대상으로 운영하는 교육적 의미가 큰 학기입니다. 이전에는 '자유학년'이라 하여 1학년 전체를 운영하기도 했으나 최근 들어 '자유학기제'로 운영되어 1학년 중 한 학기만 자유학기제로 운영합니다.

자유학기제는 학생 참여형 수업과 과정 중심 평가로 이루어집니다. 그러나 부모님들께서 가장 궁금해 하시는 점은 성적과 관련된 내용일 것입니다.

자유학기제에도 똑같이 교과 수업은 이루어지며, 교과 수업 중 일부 시간을 할애하여 '자유학기 활동'을 만들었다고 생각하시면 좋습니다.

일반적으로 자유학기제 성적은 학교생활기록부에는 숫자로 나오지 않습니다. '이수/미이수'로만 기록됩니다. 대신 선생님들께서 아이의 성적을 서술형으로 적어주시는 경우가 많습니다. 그렇기 때문에 성적이 없는 것이 아니라 숫자로 입력되지 않는 것입니다. 그러나 집으로 발송되는 성적표에는 아이의 형성평가 점수 등이 입력될 수 있습니다.

이 자유학기제 성적을 통해 점수화하기는 어렵지만 서술형 속 문맥을 읽어 내려가면 아이의 학교생활을 파악할 수 있습니다.

다음은 성적표 예시입니다.

과목	학습 영역	영역 성취 기준
국어	쓰기	비유와 상징의 표현 효과를 바탕으로 작품을 수용하고 생산한다.
	문법	언어의 본질에 대한 이해를 바탕으로 하여 국어생활을 한다.
	읽기	읽기 목적이나 글의 특성을 고려하여 글 내용을 요약한다.
	자신의 삶과 경험을 바탕으로 한 시를 창작할 때 비유와 상징의 개념과 표현 효과를 대부분 이해하며 자신의 작품에 적절히 표현함. 또한 창작한 작품을 친구들과 함께 나누어 읽으며 비유와 상징의 표현이 드러난 부분을 찾아내고자 노력했으며 친구들의 작품을 평가하는 활동에 적극적으로 참여함. 언어의 본질에 대한 개념을 일부 이해하고 생활 속 언어의 본질이 드러난 부분을 모둠활동을 하며 찾아내는 활동에 적극적으로 참여함. 정보전달을 위한 글을 읽고 이 글의 목적을 명확히 찾아내며, 글 속의 핵심 단어, 핵심 문장을 대체로 적절하게 찾아내는 모습을 보임.	

여기서 과목은 배웠던 과목을 말합니다. 아이는 이번 학기에 국어를 배웠다는 것입니다.

학습 영역은 국어 내에서도 세부 영역을 말하는 것입니다. 이 영역은 교과 선생님께서 작성하실 수 있기 때문에 핵심 단원, 핵심 개념 등으로 적어주시는 분도 있습니다.

영역 성취 기준은 교육과정을 바탕으로 교과 선생님들께서 재구성하여 적는 부분입니다. 따라서 2022 개정 교육과정에 따른 과목 성취기준을 그대로 적어주시는 분들도 계시지만, 재구성한 성취 기준을 적는 교과 선생님들도 계십니다.

여기까지는 모든 학생들이 동일하게 작성되는 부분입니다. 그러나 아래 서술형으로 되어 있는 부분은 학생들마다 다르게 작성됩니다. 대체로 행간을 읽으면 아이의 수업 태도를 볼 수 있습니다.

앞 학생의 성적표를 살펴보면, '적절히', '노력했으며', '적극적으로', '명확히' 등의 행동을 표현하는 단어가 드러납니다. 이 단어를 통해 아이가 잘하는 부분과 노력이 필요한 부분을 찾아볼 수 있습니다. 이 학생의 경우 '비유와 상징의 표현이 드러난 부분을 찾아내고자 노력했으며' 부분을 통해 비유와 상징의 표현이 드러난 부분을 찾는 활동을 보충해야 한다는 것을 알 수 있습니다.

(5) 동아리, 자유학기, 학교스포츠클럽 등 다양한 활동을 통해 성장해요

초등학교 고학년 때 이미 아이들은 동아리를 선택해 본 경험이 있고, 방과 후 프로그램 등을 선택해 본 경험이 있기 때문에 '선택'이라는 개념은 잘 알고 있을 것입니다. 중학교에서도 '동아리', '자유학기 활동', '학교스포츠클럽' 등을 선택하도록 되어 있습니다. 예비소집일에 나누어준 안내 자료에 학교에 어떤 활동들이 있는지 적혀 있는 경우가 많습니다. 그에 따라 어떤 활동을 선택할 것인지 미리 생각하기도 하지요. 그러나 아이가 선택하고자 하는 활동을 선택하지 못할 수도 있습니다.

그렇지만 아이가 활동을 통해 얻는 '배움'에 초점을 맞추어 주세요. 저는 학교에서 아이들이 자기가 원하는 활동을 선택하지 못했다며 울거나 화를 내는 경우를 종종 봅니다. 그러나 원하는 활동이 아니라 해도 언제든 배움은 일어납니다. 기대하지 않았던 활동에서 생각지 못한 취미를 찾는 방법, 친구들과 함께 하며 사회성을 기르는 법, 막상 싫어했던 활동이지만 그 안에서 좋아하는 것들을 찾는 활동 등을 통해 아이는 더욱 단단해져 있을 것입니다. 그리고 이 내용을 잘 정리하여 자신의 성장 스토리로 만들면 그것이 추후 자기소개서를 작성할 때 도움이 되기도 합니다.

그러니 부모님께서는 아이가 모든 활동에 적극적으로 참여하고 자신감을 키울 수 있도록 응원해주세요. 또한 아이가 숫자로 된 성적표를 받지 않으며 중학교 생활에 적응할 수 있는 안정적인 시기이므로 부모님께서도 안심하시고 아이를 응원해 주셔도 됩니다.

(6) 자율동아리를 모집하거나 기존 자율동아리에 가입해요

1학기 초반에 학교에서는 '자율동아리'라는 것을 따로 모집합니다. 학교 교육과정에 따른 정규교육과정 이외의 이 활동은 학생들이 자율적으로 주제를 정해 동아리 활동을 하는 것입니다. 보통 학교마다 관련 규정이 있는데 학교 내 담당 선생님을 섭외한 후, 회원을 몇 명 이상을 모으고 이 회원들을 몇 명 이상 유지한 채 몇 회 이상 활동을 해야 한다는 조건들이 있습니다. 또한 활동마다 보고서를 작성하고 담당 선생님께 검사를 맡고 학기말에 제출까지 해야 합니다.

이 자율동아리는 규정에 따라 활동을 종료하면 2학기 말에 학교생활기록부에 입력될 수 있습니다. 그러나 현재(2025학년도) 규정상 자율동아리는 1년에 1개만 기재됩니다. 그리고 자율동아리는 동아리 이름에 활동 주제와 관련된 내용이 압축적으로 들어갈 수 있도록 짓는 것이 좋습니다. 학교생활기록부에 필요한 경우 동아리 소개를 30자 이내로만(동아리명과 공백 포함) 입력할 수 있기 때문입니다.

자율동아리를 하면 고등학교 입학 전형 시 자기소개서나 면접에서 자신의 관심사에 대해 객관적으로 증빙할 수 있는 자료가 학교생활기록부에 입력되는 것입니다. 그렇기 때문에 진로 관련 관심 분야가 있다면 1학년 때에도 놓치지 않고 자율동아리 활동을 하는 것을 추천드립니다. 혹시 조건을 달성하지 못해 학교생활기록부에 기록되지 않아도 활동 과정 속에서 배우는 것도 많습니다.

(7) 독서기록장을 작성하는 것이 중요해요

중학교 1학년 1학기부터 3학년 2학기까지 학생들이 자신의 노력만으로 할 수 있는 학교생활기록부 활동 중 가장 손쉬운 것은 바로 이 독서기록장 작성입니다.

이 활동은 학교생활기록부의 '독서활동상황'과 관련된 것이므로 상당히 중요합니다. 이 독서기록장 또는 독서 포트폴리오는 학교에서 개별적으로 제공되는 양식 또는 사이트입니다. 여기에 학생들이 자신이 읽은 책의 내용, 느낀 점 등을 작성하면 되는 것을 말합니다. 쉽게 말하면 독서감상문인 것이지요.

독서기록장은 담임 선생님 또는 교과 선생님께 제출하면 됩니다. 담임 선생님은 '독서활동상황'의 '공통' 영역에 넣어주고, 교과 선생님들은 각 교과 영역에 넣어줍니다. 특목고를 준비하는 아이들이나 관련 진로에 대해 생각이 많은 아이들이라면 반드시 그 과목과 관련된 책은 한 학기당 적어도 4-5권 정도는 읽어서 제출하는 것이 좋습니다. 성실성을 입증하고 싶다면 여러 과목에 2-3권 정도 입력하는 것이 더 좋습니다.

그러나 모든 책을 입력할 수 있는 것은 아닙니다. ISBN에 등재된 도서에 한해 기재가 가능하며, 정기간행물은 입력할 수 없습니다. 그리고 1학년부터 3학년 때까지 동일한 책은 1번만 기록됩니다. 또한 1년 동안 공통 영역에는 500자, 과목별 영역에는 250자만 기록된다는 점도 고려해서 독서기록장을 제출하는 것이 좋습니다.

또한 너무 수준 낮은 동화책, 쉽게 읽는 판타지 소설류, 만화책 등은 특별한 사유가 아니라면 기록을 지양하는 것이 좋습니다. 학교생활기록부의 '독서활동상황'에는 학생의 꿈과 관련된 도서를 적는 곳이라고 생각하며 그렇게 진행하는 것이 바람직합니다. 따라서 한 달에 적어도 3-4권의 독서 감상문을 제출한다고 생각하고 계획적으로 실행하는 것이 좋습니다.

(8) 출결 관리는 무엇보다도 가장 중요해요

중학교와 초등학교가 가장 다른 점 중 하나는 하나는 '출결 관리'입니다. 초등학교 때에도 조회와 종례라는 것이 있지만 담임 선생님께서 거의 하루 종일 교실을 운영하시기 때문에 수업의 연속선상에 있는 느낌을 받으셨을 것입니다. 또한 워낙 어린 아이들인 만큼 1분 1초에 엄청나게 첨예하고 정확하게 출결 체크를 하시지 않으셨을 수도 있습니다.

그러나 중학교에서는 출결이 점수화되어 고등학교 입시에 반영됩니다. 따라서 학교 규정에 따라 출결을 명확하게 지켜야 합니다. 가끔 1학년 학부모님들 중에서는 아이가 1분 정도 늦었는데 지각 처리를 하는 것은 너무하다고 말씀하시는 경우도 있습니다. 그러나 중학교에서는 모든 출결은 규정에 따라 움직입니다. 먼저 출결상황은 크게 '결석/지각/조퇴/결과'로 구분됩니다.

① 결석

> 결석의 종류는 보통 다음과 같이 구분됩니다.
> - 질병 결석
> - 미인정 결석
> - 기타 결석
> - 출석인정 결석

모든 결석은 사전에 담임 선생님께 말씀을 드리고 서류가 필요한 경우 제출이 완료가 되어야 관련 결석으로 인정받을 수 있습니다.

☑ **질병 결석**

질병 결석은 결석한 날부터 5일 이내에 의사의 진단서 또는 의견서(병명, 진료기간 등이 기록된 의사 소견서, 진료 확인서 등의 증빙서류)를 첨부한 결석 신고서를 제출하면 학교장의 승인을 받을 수 있습니다. 그러나 상습적이지 않은 2일 이내의 결석은 결석임을 증빙할 수 있는 자료(학부모 의견서, 처방전, 담임 교사 확인서 등)가 첨부된 결석 신고서를 결석한 날로부터 5일 이내에 제출하여 학교장 승인을 받은 경우 질병 결석 처리를 할 수 있습니다.

그렇기 때문에 가장 중요한 것은 질병 결석한 다음 날, '결석 신고서'라는 학교 양식과 함께 증빙서류를 날짜에 맞게 제출하는 것입니다. 학교에 따라서는 '출결 신고서' 등으로 여러 가지 출결 상황 신고를 한 번에 할 수 있는 양식을 사용하기도 합니다. 요즘은 나이스플러스를 통해 이 양식을 온라인으로 제출하는 방법도 시행 중입니다. 따라서 결석을 할 경우, 학기 초에 학교에서 안내해주신 내용대로 빠르게 처리를 해야 하며 만약 어려움이 발생하면 주변 사람들에게 물어보기보다는 꼭 담임 선생님께 문의드리는 편이 좋습니다.

만약 기저질환이 있거나 장기적 치료가 필요한 것으로 확인된 학생의 경우 학기 초 담임 선생님께 말씀드려야 합니다. 이 질병 결석은 고입 성적에 감점되는 요소는 아닙니다. 그러나 결석이라는 것 자체가 학생의 성실성을 입증하는 부분도 있기 때문에 너무 가벼운 몸살이나 잦은 복통 등으로 학교에 자주 가지 않은 학생보다는 질병 결석이 적은 학생에게 조금 더 성실성이 느껴질 수 있습니다.

☑ 미인정 결석

예전 '무단 결석'과 같은 것입니다. 범법행위로 인한 책임있는 사유로 결석한 경우를 포함해 태만, 가출, 출석 거부 등 고의로 결석한 경우 및 기타 합당하지 않은 사유로 결석한 경우 모두 미인정 결석이 됩니다. 따라서 아이가 꼭 학교에 성실히 등교할 수 있도록 알려주셔야 합니다.

☑ 기타 결석

기타 결석은 사용하는 학생이 드뭅니다. 부모나 가족 봉양, 가사 조력, 간병 등 부득이한 개인 사정에 의해서 학교장이 인정하는 경우에만 사용할 수 있습니다. 만약 위와 같은 사정이 발생하면 담임 선생님께 말씀드리면 됩니다.

☑ 출석인정 결석

가장 민감하고 중요한 출석인정 결석입니다. 출석인정 결석은 말 그대로 출석을 인정해주는 결석입니다. 그런 만큼 조건도 많고 지켜야 할 것도 많습니다.

먼저 천재지변, 법정 감염병, 국가를 대표한 대회 및 훈련 참가, 사회봉사, 특별교육이수, 숙려제 참여 인정 기간 등의 경우에 출석인정 결석이 됩니다. 만약 법정 감염병에 걸린 경우, 담임 선생님께 빠르게 말씀드린 후 관련 증빙서류도 꼼꼼하게 챙겨 제출해야 출석인정 결석으로 처리가 될 수 있습니다. 또한 다음은 전국적으로 동일하게 처리되는 내용입니다.

구분	대상	일수
결혼	형제, 자매, 부, 모	1
입양	학생 본인	20
사망	○부모, 조부모, 외조부	5
	○부모의 조부모(증조부모, 외증조부모), 부모의 외조부모(진외증조부모, 외외증조부모)	3
	○형제·자매 및 그의 배우자	3
	○부모의 형제·자매 및 그의 배우자	3

[출처 : 교육부, 2025학년도 학교생활기록부 기재요령(중학교)]

만약 아이의 할아버지께서 사망하셨다면 사망진단서, 가족관계증명서 등을 제출해야 합니다. 또한 경조사로 인한 출석인정 결석은 그 사유가 발생한 날을 포함하여 전후에 실시하는 것을 원칙으로 합니다. 그러나 사망의 경우에는 그 사유가 발생한 날을 포함하지 않고 그 다음 날부터도 처리할 수 있습니다. 사망이 학생이 하교한 후에 발생할 수도 있기에 이와 같이 처리할 수 있다고 생각하면 됩니다. 또한 경조사로 인한 출석인정 결석 산정 시 토요일, 공휴일, 재량휴업일은 불포함하며 해당기간 내에서 학생은 상황에 따라 출석할 수 있습니다.

생리통으로 인한 결석 또한 출석인정 결석에 해당합니다. 월 1일에 한해 생리통이 극심해 출석이 어려운 경우에 출석인정 결석을 할 수 있습니다. 월 1일을 산정하는 기준은 회의를 통해 학교장이 정하므로 학교에 문의하면 자세한 내용을 안내받을 수 있으며 학부모 총회 때 이런 출석과 관련된 내용을 자세히 안내받으실 수 있습니다.

이외에도 교외체험학습을 위해 출석인정 결석을 사용할 수 있습니다. 내용으로는 현장체험학습, 친인척 방문, 가족동반 여행 등이 있습니다. 만약 감염병 위기 경보가 '심각' 단계가 되면 교외체험학습 승인 사유에 '가정학습'을 포함할 수 있습니다.

주의할 점은 교외체험학습 신청서 및 계획서를 학교에서 정한 날짜까지 반드시 제출해야 하며 승인이 된 후에 교외체험학습을 실시할 수 있습니다. 그리고 다녀온 후 반드시 교외체험학습 보고서를 제출해야 하는데, 이때에도 교외체험학습을 증빙할 수 있는 서류는 모두 제출해야 합니다.

간혹 서류 미비, 신청 서류 미제출 등으로 출석인정 결석 처리를 받지 못하는 학생들이 있습니다. 안타깝지만 학교에서는 규정에 의해 아이들의 출석을 처리해야 하므로 구제가 될 만한 방법은 거의 없습니다. 그렇기 때문에 제출 일정과 제출 서류를 반드시 확인하셔서 불이익을 받지 않도록 해야 합니다.

②지각/조퇴/결과

지각은 학교장이 정한 등교시각까지 출석하지 않은 경우에 해당합니다. 따라서 병원에 잠깐 들러도 질병 지각입니다. '학교장이 정한 등교시각'까지 가야지 지각이 되지 않습니다.

조퇴는 학교장이 정한 등교시각과 하교시각 사이에 하교한 경우를 말합니다.

초등학교 때 거의 활용되지 않았을 '결과'란 수업시간의 일부 또는 전부에 불참하는 경우를 말합니다. 따라서 학교 보건실에 가서 1교시 수업 시간 내내 누워 있었다 하더라도 '질병 결과' 처리가 되는 것입니다.

이와 같은 지각, 조퇴, 결과 역시 횟수가 많아지면 학교생활기록부 출결 상황에 그 사유가 입력될 수 있습니다.

이처럼 출결에 관한 내용이 많은 양을 차지하는 이유는 초등학교 때보다 중학교 때 더욱 중요해지고 챙겨야 할 것도 많아졌기 때문입니다. 따라서 학원이나 인터넷 소모임 등에서 얻은 정보만을 믿기보다는 반드시 학교에서 나누어 준 유인물, 학교 홈페이지에 나온 출결 규정을 참고하셔서 담임선생님께 빠르게 말씀드린다면 어렵거나 고민할 일은 거의 없습니다.

(9) 수상경력에 기록되는 학교 내 대회에 참여해요

학교생활기록부에는 학교에서 수상한 내용만 들어갈 수 있습니다. 학교생활기록부의 공신력을 높이고, 사교육을 유발하는 입학전형 요소 배제의 일환으로 2011학년도부터 교내상만 입력하고 있기 때문입니다.

따라서 교외상은 학교생활기록부의 어떠한 항목에도 입력할 수 없습니다. 교내상도 '수상경력'이라는 곳에만 입력됩니다.

그렇기 때문에 학기 초 안내되는 교내상 계획을 잘 살펴보고 아이가 대회에 참여할 수 있으면 좋습니다. 학교에서는 이미 학기 초에 공지했기 때문에 따로 교내상과 관련된 가정통신문을 발송하지 않을 수 있습니다. 따라서 학교에서 대회 참가자 모집 시 기한을 잊지 않고 아이가 지원할 수 있도록 챙겨 주세요.

이 수상경력 역시 진로와 연관 지을 수 있기 때문에 아이가 관심이 있는 교내 대회라면 참여할 수 있도록 도와주시면 좋습니다.

(10) 학생선수라면 학교에 등록이 필요해요

이 경우는 모든 아이들에게 적용되는 것은 아닙니다. 학생선수란 학교운동부에 소속되어 운동하는 학생이나 「국민체육진흥법」 제33조와 제34조에 따른 체육단체에 등록되어 선수로 활동하는 학생을 말합니다. 학교의 운동부에 등록되어 있다면 운동부에서 일괄 처리해 주시나 국민체육진흥법에 따른 체육단체에 등록되어 선수로 활동하는 학생이라면 학교에 미리 말씀드리는 것이 좋습니다. 중간에 운동을 그만두게 될 때에도 말씀드리는 편이 좋습니다.

2) 완벽한 Q&A

#초등학교와_차이점   #사춘기_시작

Q: 교과 선생님과의 상담은 하는 것이 좋나요?

A: 특별하지 않다면 1학기에는 하지 않는 것이 좋습니다. 교과 선생님 역시 담임을 맡고 있을 가능성이 크며, 아직 한 달도 채 되지 않은 시점에서 선생님께서 아이에 대해 부모님께 말씀드릴 것이 없기 때문입니다. 간혹 우리 아이를 인지하고 있는지 확인해 보기 위해 교과 선생님과 상담하시기도 합니다. 그러나 제 개인적인 생각으로는 그 경우에는 오히려 자녀에게 좋지 않은 선입견을 심어줄 수 있기 때문에 지양하시는 편이 좋다고 봅니다. 만약 교과 공부 방법 등에 대해 문의를 하시고 싶으시다면 아이가 직접 선생님과 상담을 할 수 있도록 응원해 주세요.

Q: 생리 결석을 할 때에도 증빙서류를 준비해야 하나요?

A: 생리 결석 시에는 의사의 진단서, 소견서 등은 첨부하지 않아도 됩니다. 그러나 학부모 확인서를 필요로 하는 학교들도 있습니다. 생리 결석은 정말 극심한 생리통이 있을 때에만 사용한다고 생각하면 좋습니다.

Q: 담임 선생님은 다른 선생님의 수업 때 학급에 계시나요?

A: 아닙니다. 담임 선생님은 모든 수업 시간에 학급에 계시지는 않습니다. 보통 교과 수업 시간에는 해당 과목을 맡은 교과 선생님이 수업을 하며, 담임 선생님은 그 시간에 다른 반에서 수업을 하거나, 공강 시간인 경

우 교무실 등에서 행정 업무를 보고 계십니다. 다른 선생님 수업 시간에 교실에 들어가 계시지 않습니다.

Q: 아이가 A교과 수업 때 받은 학습지를 잊어버렸습니다. 담임 선생님께 말씀드리면 되나요?

A: 아닙니다. 교과 수업 때 받은 학습지는 담임 선생님께 말씀드려도 받기 어렵습니다. 아이가 직접 다음 교과 수업 때나 쉬는 시간에 교과 선생님을 찾아가서 받으면 됩니다. 평가 계획에 의해 감점 불이익을 받을 수 있으나, 보통 빠르게 찾아가서 말씀드리면 괜찮은 때가 많습니다.

Q: 아이가 갑자기 조퇴를 해야 하는 상황이면 어떻게 해야 하나요?

A: 담임 선생님께 말씀을 드리고 조퇴를 하면 됩니다. 그러나 담임 선생님도 수업 중일 수 있기 때문에 바로 처리가 되지 않을 수 있습니다. 처리가 늦어져 불안하시다면 학교 대표 번호로 전화하시고 전달을 부탁드려도 됩니다.

Q: 아이가 하루 종일 휴대폰만 봐요. 휴대폰을 빼앗아야 할까요?

A: 중학교 1학년 때부터 2학년 때까지 아이들은 극심한 사춘기를 겪으며 친구와도 다투고 부모님과도 사이가 좋지 않아질 때가 있습니다. 항상 아이를 믿지만 꼭 지켜본다는 느낌을 아이에게 심어주셔야 합니다. 이 느낌은 중3 1학기까지는 유지해 주세요. 아이들은 자극적인 것들을 좋아하기 때문에 부모님께서 울타리를 없애는 순간 재미있는 것들을 찾아 떠날 수

있습니다.

특히 아이의 휴대폰을 무조건 확인하실 필요는 없지만 반드시 휴대폰 비밀 번호는 알고 계시는 것이 좋습니다. 아이와 약속을 하고, 간헐적으로 아이의 휴대폰을 확인하시는 것이 좋습니다. 또한 시간 제한 앱 등을 설치해 아이가 일정 시간 동안만 휴대폰을 할 수 있도록 하는 것이 좋습니다.

Q: 담임 선생님께 질문이 있을 때는 어떻게 문의드리는 편이 제일 좋나요?

A: 요즘 학교에서는 교권 보호 등을 위해 투넘버 서비스, 투폰 서비스, 내선번호 연결 서비스, 소통 앱 등을 다양하게 활용합니다.

담임 선생님이 개인적으로 연락 방법을 안내하지 않을 경우, 가장 좋은 방법은 학교 직통 번호로 연결하여 메시지를 남기는 것입니다.

만약 출결이나 학폭과 같은 급한 일이 아닐 때에는 아이 편에 쪽지를 작성하여 여쭤보는 것도 좋습니다. 담임 선생님과 아이가 조회, 종례 때 만날 수 있기 때문에 아이를 통해서 전달받는 편이 가장 좋습니다.

3) 친절한 꿀팁

#교과_특성_알기   #심화_학습   #각종_시험_준비

(1) 각 수업 시간의 여러 특성을 파악하면 학교 시험에 도움이 돼요

초등학교와는 달리 각 수업 시간의 특성을 파악해야 하는 것이 중요합니다. 수업 시간 특성을 파악하는 것은 시험을 잘 보기 위한 첫 번째가 될 수 있습니다. 선생님마다 중요하게 생각하시는 부분 등을 아이가 스스로 파악해 볼 수 있도록 해 주세요. 특히 선생님이 주신 학습지, 과제 등을 살펴보면 수업 중요 포인트를 알 수 있습니다. 아이와 함께 그 부분을 집중 복습하며 평가를 준비하면 됩니다.

(2) 4월 이후부터 개인적으로 필요한 공부를 선택해서 해요

입학 후 약 한 달 간은 아이도 부모님도 학교에 적응하느라 힘든 중학교 1학년 생활이었을 것입니다. 학교생활에 어느 정도 익숙해진 4월 이후부터는 아이와 함께 진로에 대해 이야기를 나누고, 관련된 교과 공부 중 복습이나 예습이 필요한 부분이 있다면 그 부분에 시간을 어느 정도 할애할 것인지 파악하고 실행해야 합니다. 만약 1학기에 첫 중간고사를 치르는 학교라면 다음 '중학교 1학년 2학기' 부분을 함께 활용해 주세요.

(3) 각종 시험에 참여해 보는 경험을 하면 좋아요

한자능력검정시험, 한국사능력검정시험, 국어능력인증시험 등 여러 외부 시험이 자주 있습니다. 아이가 시험에 적응하고 또 그동안 공부했던 자신의 실력을 알아보며 자신의 위치 역시 확인할 수 있는 시험을 치르게 하는 것도 도움이 됩니다. 특히 시험 때 불안감을 느끼는 아이들은 지필평가 때 시험을 잘 보지 못하게 된다면 앞으로의 시험에 많은 트라우마가 생길 수 있습니다. 따라서 외부 시험을 통해 긴장감을 줄이고 시험 환경에 익숙해지도록 연습할 수 있게 도와주세요. 또한, 시험에 합격했을 때의 성취감도 느낄 수 있기 때문에 이러한 시험에 도전해보는 것도 좋은 경험이 됩니다.

새로쌤의 1학년 1학기 체크리스트

함께 체크해요!	완료!
학교에서 제출하라고 안내한 서류를 꼼꼼하게 제출했나요?	
기초학력 진단평가를 정성껏 준비하고 응시했나요?	
학부모 상담 때 어떤 내용을 말씀드릴지 생각했나요?	
아이의 학교 활동에 대해 살펴보았나요?	
동아리, 자유학기, 학교스포츠클럽 등 다양한 활동을 선택했나요?	
자율동아리 활동에 참여했나요?	
독서기록장을 작성해서 제출했나요?	
출결 관리를 꼼꼼하게 하고 있나요?	
수상경력에 기록되는 학교 내 대회에 참여했나요?	
체육을 전공하고 있는 학생선수의 경우 학교에 말씀드렸나요?	
각 수업 시간의 특성을 파악하여 학교 시험을 대비하고 있나요?	
각종 시험에 참여해 보는 경험을 하고 있나요?	

2장 | 1학년 여름 방학
진로 탐색을 차분하게 시작해요

이 시기는 이제 아이가 중학생이 된 후 처음 맞이하는 여름 방학입니다. 이제부터는 중학교 2학년을 준비하고, 앞으로 남은 학창 시절을 위한 새로운 도약을 위해 잠시 숨을 고를 수 있는 시기이기도 합니다. 또한 사춘기, 이른바 중2병을 앞두고 있는 시기이기 때문에 아이의 정서와 발달을 고려하면서 학습적으로도 균형을 잡는 것이 중요합니다. 이 시기에 기초 학습을 다지는 동시에 적당한 심화 학습을 병행해 두면 이후의 학습에 도움이 될 수 있습니다.

1) 꼼꼼한 준비

`#시험_공부법` `#알찬_1학년_학교생활기록부_만들기` `#심화_학습_시작`

(1) 교과 선생님의 특성을 반영하여 2학기 시험을 준비하는 연습을 해요

많은 중학교에서는 한 학기 동안은 자유학기제를 운영하고, 다른 한 학기에는 지필평가(중간·기말고사)를 실시합니다. 만약 1학기에 지필평가를 치른 학교라면, 2학기에 자유학기제를 운영할 가능성이 높습니다. 하지만 이 책에서는 2학기에 첫 중학교 지필평가을 치르는 상황을 가정하여, 시험 준비에 대해 안내하고자 합니다.

이미 1학기에 교과 선생님들을 모두 만나 본 중1 학생들이기에 교과 선생님의 수업 방식이나 평가 스타일을 어느 정도 파악하고 그에 맞춰 공부를 할 준비가 되어 있을 것입니다. 특히 교과 담당 선생님이 2학기에도 동일하다면, 1학기 때 선생님께서 강조하셨던 부분 등을 염두에 두며 2학기 교과 내용을 예습하고 어떤 문제가 나올 것인지 생각해 보는 것이 좋습니다.

(2) 아이만의 시험 공부법을 찾는 것이 필요해요

일반고에 진학할 예정인데 왜 학교 성적을 꼼꼼하게 챙겨야 하는지 궁금하신 부모님들도 계실 것입니다. 그러나 중학교 학습 내용을 제대로 공부하지 않은 학생은 당연히 고등학교 적응에 시간이 걸릴 수밖에 없습니다. 간혹 고등학교에 진학한 뒤 성적이 급격히 오르는 사례를 보며 희망을 갖는 경우도 있지만, 이는 학습 역량이 이미 갖춰져 있었던 일부 학생들에 해당합니다. 즉, 잠재력은 있었으나 중학교 시절 공부를 다소 느슨하게 했던 경우이지, 모든 학생에게 해당하는 이야기는 아닙니다. 모든 아이가 고등학교에서 갑자기 성적이 오를 것이라 기대하기보다는, 중학교 시기부터 자신에게 맞는 공부 방법을 찾고 꾸순히 실천하는 습관을 갖는 것이 훨씬 안정적이고 효과적인 전략입니다.

그렇다면 학교 평가에서 좋은 성적을 받으려면 어떻게 해야 할까요?

아이들이 어릴 적, 처음 걸음마를 시작하던 순간을 떠올려 보세요. 처음

숟가락을 잡고 밥을 먹으려 할 때, 처음 영어 알파벳을 쓰던 순간도 마찬가지입니다. 그때도 완벽한 정답이나 '족보'처럼 내려오는 방법으로 가르칠 수는 없었습니다. 그저 저절로 되었다 생각할 수도 있지만 아이들은 네 발로 기고 잡는 연습을 통해, 숟가락을 떨어뜨리는 시행착오를 통해 나름 열심히 연습했을 것입니다.

그렇기 때문에 아이만의 시험 공부법을 찾는 방법 역시 여러 번의 연습을 통해 자신에게 가장 적합한 것을 선택할 수 있도록 해야 합니다. 부모님께서 알려주시는 것도 좋습니다. 그러나 모든 사람이 같을 수 없기에 아이가 여러 공부법 중에서 자신만의 공부법을 터득하게 하는 것이 바람직합니다.

예를 들어 시험 공부를 할 때, 요약본을 만들어야 마음이 안정되고 공부에 집중하는 학생도 있습니다. 또 어떤 학생은 교과서에 모든 것을 적어야 마음이 놓이는 학생들도 있습니다. 또 다른 학생들은 온갖 곳에 밑줄을 그어야만 공부한 것 같다는 생각을 하기도 합니다.

이와 같이 자신에게 맞는 공부 방법은 다양합니다. 먼저 몇 가지 시험 공부 방법을 아이에게 제시한 후, 아이가 자신만의 방법을 선택하거나 조합해서 활용할 수 있도록 하면 좋습니다.

아래는 쉽게 활용할 수 있는 공부 방법입니다.

> ① 교과서, 학습지 4회독 이상
> - 형광펜 등을 활용하여 핵심 단어에 밑줄 치기
> - 색연필 등을 활용하여 밑줄을 치며 읽기
> - 포스트잇을 붙이며 각 장을 요약하기
> - 인덱스 태그 등을 활용하여 각 장에 중요한 핵심 단어를 표시하기

> ② 요약본 만들기
> - 교과서와 학습지에서 공부한 내용을 바탕으로 요약본을 만들기
> - 타이핑 또는 손글씨로 요약하고, 중요한 부분에 형광펜 다시 치며 1회독 하기
> ③ 문제집 풀기
> - 관련 내용이 담긴 문제집을 풀며 정리하기
> - 문제집 속 틀린 문제 오답노트로 만들어 정리하기
> - 문제집의 문제를 유형별로 정리하기

(3) 독서기록장을 놓치지 말고 챙겨주세요

학교에 따라서는 여름 방학을 마칠 때까지 1학기 학교생활기록부의 '독서활동상황'에 기록할 독서기록장을 받아주는 학교가 있습니다. 따라서 아직 1학기 독서기록장을 제출하지 못한 학생들이라면 여름 방학 때 독서기록장을 작성해서 방학이 끝나기 전에 제출할 수 있도록 합니다.

이 독서기록장은 학기를 마치고 나면, 그 학기에는 더 이상 제출할 수 없습니다. 이는 학교생활기록부 1학년 1학기 독서활동상황에는 더 이상 입력할 수 없다는 뜻입니다. 즉, 기간이 지나면 추후 입력이 불가능하다는 점을 기억해 두세요.

(4) 본격적인 진로 탐색을 시작해요

저는 이 1학년 여름 방학만큼 아이와 함께 본격적인 진로를 탐색할 수 있는 좋은 기회는 없다고 생각합니다.

아이는 이제 자신이 어떤 과목을 대체로 좋아하고 잘하는지 알게 됩니

다. 부모님 또한 아이를 객관적으로 살펴보는 첫 시기가 됩니다.

따라서 방학을 하자마자 아이와 본격적으로 진로 탐색을 시작하는 것이 좋습니다.

먼저 아이가 하고 싶어 하는 것이 교과가 아니라 예체능과 관련되어 있으며 그 분야가 명확한 편이면, 그와 관련된 체험을 여러 차례 제공해 주세요. 미술에 관심이 많은 아이라면 미술학원에 등록하고 아이가 조금 어려운 부분도 이겨낼 수 있는지, 즐거워하는지 살펴봐 주시면 됩니다.

그 다음에 아이가 하고 싶어 하는 것이 교과에 관련된 것이나 다소 어려워하는 부분이 있다면, 심화 과정을 제공하는 인터넷 강의나 학원 특강 등을 접하게 해 주세요. 이 과정에서 아이가 흥미를 느끼고 더 공부해보고 싶어 하면 진로를 그와 관련된 방향으로 더 탐색할 수 있게 도와주세요.

그러나 아이가 아직 꿈이 명확하지 않다면 다양한 체험을 통해 더욱 사고를 확장시켜 나가도 좋습니다. 또한 아직 진로가 명확하지 않다면 부모님께서 생각하시는 진로 쪽으로 체험을 먼저 시켜주셔도 괜찮습니다. 그중에서 아이가 관심을 보이는 분야가 있다면 좀 더 깊이 탐색해 보면 좋습니다. 만약 아이가 아직 관심을 보이는 분야가 없다면, 다음 겨울 방학을 기약해 볼 수 있습니다.

(5) 심화 학습은 하는 것이 좋아요

현실적으로 심화 학습을 챙기지 않을 수 없습니다. 무조건적인 선행을 하라는 것이 아닙니다. 아이가 보충할 부분이 적고 그 과목에 대한 이해도가 높다면 같은 학년에서 배우는 내용 중 심화 문제를 풀고 심화 개념을 정리하는 것은 필요합니다.

　국어를 예로 들면 1학기 때 배운 내용을 '문학', '비문학', '문법' 위주의 관련 문제집으로 정리해 주면 좋습니다. 문제집을 풀다 보면 자신이 어려워하는 부분이 무엇인지 알게 되며, 혼자 힘으로 정리하기 어려운 부분은 역시 인강이나 학원의 도움을 조금씩 받을 수 있습니다.

　방학 때는 각 과목당 1~2권의 문제집을 풀며 정리하면 중학교 1학년 여름 방학을 완벽하게 보낼 수 있습니다. 특히 부족한 부분이나 아이가 더 공부하고 싶어 하는 부분이 있다면 인강이나 특강을 활용하는 것도 좋습니다.

(6) 여행을 다녀오며 짧게라도 긴장을 풀어요

　여름 방학을 맞아 아이들은 1학기 동안 쌓였던 긴장과 스트레스를 풀 기회를 갖게 될 것입니다. 그러나 여름 방학에는 이미 공부 계획과 여러 가지 일정이 있어 긴 여행은 가기 어려울 수 있습니다. 대부분의 학교에서도 여름 방학이 겨울 방학보다 짧기 때문에 여름 방학에는 너무 길지 않은 여행으로 리프레시를 하는 것도 좋습니다. 아이의 긴장을 풀어 주고 아이가 중학교 생활에 잘 적응할 수 있도록 응원하는 마음을 심어 주세요.

2) 완벽한 Q&A

`#친구_관계`　`#학원_거부`　`#성적표_확인`　`#성취도`

Q: 아이들끼리만 놀이공원에 간다고 해요. 보내도 될까요?
A: 서울은 지하철로 갈 수 있는 곳에 놀이공원이 있습니다. 이제 몇몇 외

향적인 아이들은 친구들끼리만 시간을 보내고 싶어 합니다. 그러나 저는 아직까지 아이들만 보내는 것은 추천하지 않습니다. 물론 아이들마다 다를 수 있으며 저와 생각이 다르실 수도 있습니다. 그러나 교사로서 체험학습 등으로 학생들을 인솔했을 때마다 항상 크고 작은 일이 발생했습니다. 저희 반 아이들이 조금 더 나이가 많은 다른 학교 아이들과 시비가 붙는 경우도 종종 있었고, 생각보다 부주의로 인해 다치는 경우를 많이 봐서 그런지 섣불리 아이들만 보내도 된다고 확답 드리기가 솔직하게는 어렵습니다. 따라서 놀이공원에서 멀지 않은 곳에 부모님께서 한 분이라도 계시거나, 식사 시간 때라도 아이들과 잠시 함께 계시는 것이 바람직하다고 봅니다.

Q: 아이가 학원을 전부 가기 싫어 해요

A: 이제 사춘기가 시작된 것이라고 볼 수 있습니다. 원래 학원에 잘 다니던 아이가 갑자기 모든 학원을 이유 없이 가기 싫어하거나 게을러지는 모습을 보일 수 있습니다. 이 경우는 조금 이른 사춘기를 맞이했다고 보시면 됩니다. 무조건적으로 학원에 보내기보다는 마음이 급하지 않으시면 한 달에서 두 달 정도는 기간을 정해 두고 학원을 쉬셔도 괜찮습니다. 그러나 쉴 때에는 아이와 반드시 약속을 하고, 정해진 기간 동안 매일 학습 상황을 체크해 주셔야 합니다. 대부분의 아이들은 적어도 두 달 정도 지나면 자연스럽게 다시 학원에 가서 공부를 하겠다고 하는 경우가 많습니다.

Q: 학교에서 방학식 날 배부한 성적표를 아이가 주지 않았어요

A: 보통 나이스 대국민서비스를 신청했다면 인터넷으로 성적표를 확인

할 수 있습니다. 모든 학교가 방학식에 성적표를 배부하기 때문에, 아이가 간혹 우리 학교는 2학기에 성적표를 준다거나 성적표가 없다고 하는 경우는 아이의 거짓말일 가능성이 크다는 점을 기억하시면 됩니다.

혹여 학부모 서비스를 신청하시지 않았거나 학교에 따라 종이 성적표만 배부한 경우라면, 방학식이 지났기 때문에 성적표를 당장 받기는 어려울 수 있습니다. 이때에는 2학기 개학 후 담임 선생님께 말씀드려 다시 배부받는 방법이 있습니다.

Q: 중학교 성적표에 나오는 성취도는 무엇인가요?

A: 중학교에서는 지필평가와 수행평가의 점수를 합산해 과목별로 원점수에 따라 성취도를 평정합니다. 원점수는 아이가 받은 점수 그대로를 말합니다.

성취율(원점수)	성취도
90% 이상	A
80% 이상 ~ 90% 미만	B
70% 이상 ~ 80% 미만	C
60% 이상 ~ 70% 미만	D
60% 미만	E

난, 체육·음악·미술교과의 과목의 성취도는 다음과 같이 평정합니다.

성취율(원점수)	성취도
80% 이상 ~ 100%	A
60% 이상 ~ 80% 미만	B
60% 미만	C

3) 친절한 꿀팁

`#진로_관련_체험_신청` `#학습_루틴_유지`

(1) 진로 관련 체험을 신청하며 진로에 대해 가깝게 생각하도록 해요

보통 포털 사이트에 진로와 관련된 각 단어를 넣고 검색하면 관련 내용이 많이 나옵니다. 예를 들어 'ㅇㅇ + 체험', 'ㅇㅇ + 캠프' 등으로 검색하면 다양한 정보가 검색되는데요. 그중에서 광고를 제외하고 아이의 일정, 성향과 잘 맞는 체험을 선택하면 됩니다. 요즘은 포털 사이트뿐만 아니라 다른 채널을 통해서도 정보를 제공하는 곳도 많습니다.

또한 교육부가 운영하는 대표적인 진로 체험 플랫폼인 꿈길 홈페이지 (https://www.ggoomgil.go.kr)가 있습니다. 여기에서 지역별 설정 후 원하는 체험을 검색하고 신청하면 좋습니다.

꿈길 홈페이지 바로가기

(2) 1주일 이상 패턴이 무너지지 않게 해 주세요

더운 여름, 아침 일찍부터 하는 학원을 가는 아이들이나 아예 태생이 부지런한 아이들을 제외하고는 조금 늘어지는 경향이 있을 수밖에 없습니다. 아이가 잠을 오래 자는 것이 문제가 아닙니다. 오래 자는 것은 급성장기에 도움이 되는 것도 있지만, 밤늦게까지 게임을 하거나 휴대폰을 보다가 아침 10시, 11시까지 일어나지 않은 아이들도 있을 수 있습니다. 그럴 때는 도서관에 아침부터 공부를 하러 가거나 아침 일찍 운동을 가는 등 학교에서의 규칙적인 생활 패턴을 유지하는 것이 좋은 방법입니다.

새로쌤의 1학년 여름 방학 체크리스트

함께 체크해요!	완료!
교과 선생님의 특성을 반영해 2학기 시험을 준비하고 있나요?	
아이만의 시험 공부법을 찾아보았나요?	
독서기록장을 빠뜨리지 않고 제출하게 했나요?	
본격적인 진로 탐색을 시작하고 있나요?	
심화 학습을 하고 있나요?	
여행을 다녀오며 긴장을 푸는 시간을 가졌나요?	
진로 관련 체험을 신청하며 진로에 대해 탐색하고 있나요?	
규칙적인 생활 패턴을 유지하며 여름 방학을 보내고 있나요?	

3장 | 1학년 2학기
중학교 첫 지필평가를 알차게 준비해요

이 시기는 보통 대부분의 학교에서 아이의 점수가 숫자로 학교생활기록부에 기재되는 시기입니다. 따라서 아이가 학교 평가를 잘 볼 수 있도록 도와주고 응원해주시면 좋습니다. 물론 시험이 중학교 생활에 전부는 아니지만 그래도 아이가 시험을 잘 보면 생각보다 큰 성취감을 스스로 느낄 수 있습니다. 또한 환절기에 건강 관리를 잘할 수 있도록 관리해 주는 것이 중요합니다.

1) 꼼꼼한 준비

`#진로희망분야` `#출결_점검` `#시험_계획_준비` `#성실하고_알찬_학교생활`

(1) 진로희망분야를 정성껏 작성해요

1년 동안 학교에서 실시한 각종 진로검사 및 진로상담 결과를 토대로 2학기 때에는 '진로희망분야'라는 것을 작성합니다. 작성하는 사람은 보통 담임 선생님입니다. 물론 이것을 적기 전에 반드시 학생과의 상담을 통해 확인한 후 학교생활기록부에 최종적으로 기록하는 과정을 거칩니다. 따라서 장난으로 작성하거나, 아무거나 적는 것은 바람직하지 않습니다. 또한 '현재 진로희망 없음.', '진로탐색 중임.' 능으로 기재하는 것은 학생의 자유이지만, 개인적으로는 권장하지 않습니다. 아이들이 꿈꾸지 않고 목표 없이 성장한다는 것은 특별한 이유가 없다면 긍정적으로 보기 어렵기 때문입니다.

따라서 아이와 함께 2학기 시작하자마자 진로희망분야에 대해 이야기를 나누고, 담임 선생님과 상담할 때 어떤 희망 분야에 대해 이야기할 것인지 함께 생각하는 것이 좋습니다. 이 '진로희망분야'는 혹여나 바꾸고 싶더라도 다음 학년도가 되면 절대 고칠 수 없습니다. 그렇기 때문에 반드시 방학식 전에 정확하게 작성하는 것이 중요합니다.

(2) 출결상황을 다시 한번 점검해 보아요

사실 성적은 1학년보다는 2학년과 3학년 때 잘하는 것이 더 낫습니다. 하지만 1학년 출결은 정말 중요합니다. 일반고를 포함한 모든 곳에서 꼼꼼하게 확인하고, 고등학교 입학 전형에 성적으로 포함되기 때문입니다.

1학년 1학기 때에는 아이들이 중학교 생활에 긴장을 하고 있어서 대부분 출결이 나쁘지 않습니다. 간혹 늦잠을 자거나 출결 규정을 숙지하지 못해 실수가 발생하는 정도만 있을 뿐입니다.

그러나 2학기에 들어서면 늦잠으로 인한 미인정 지각도 많아지고, 질병 지각, 질병 조퇴 등이 늘어나는 경우가 정말 많습니다. 정말 아픈 것은 어쩔 수 없지요. 건강보다 중요한 것은 없습니다. 그러나 이것이 습관적으로 많아지면 학교 수행평가에도 영향을 미치게 되고, 학교생활에도 영향을 미치게 됩니다.

따라서 아이가 규칙적으로 학교에 가고 방과 후 자신의 학습을 관리할 수 있도록 집에서도 함께 지도해 주세요. 특히 환절기 때 규칙적인 습관을 통해 건강관리를 잘할 수 있도록 챙겨주시면 좋습니다.

(3) 시험 보기 전 시험 계획부터 준비해요

앞서 말씀드린 내용과 이어지지만, 시험 계획과 관련된 부분이라 별도의 장으로 정리했습니다.

제가 담임을 맡았을 때는 항상 조회 시간 중 일부를 활용해 지필평가 계획을 준비할 수 있도록 도와주었습니다. 아이들은 시험 공부를 언제부터 시작해야 하는지 잘 모르는 경우가 많습니다. 2학년이 되면 스스로 공부 시작 시기를 알기도 합니다. 그러나 1학년 때에는 아직 경험해 보지 않아서 어떻게 해야 할지 우왕좌왕하는 아이들이 많습니다.

가장 쉬운 방법은 D-21을 기준으로 삼는 것입니다.

저는 아이들에게 A4 용지를 세로 4칸, 가로 7칸으로 접으라고 알려줍니다. 시험 계획 관련 앱도 많지만 부모님들께서는 아이들이 디지털 앱을 활용하면 걱정이 되시는 부분이 있을 것으로 봅니다. 그래서 저도 중학생들은 아날로그 형식으로 진행하는 것이 낫다고 생각합니다. 예를 들어 10월 1일, 10월 2일에 시험을 본다고 했을 때, 저는 3주 전부터 준비를 시작하라고 권합니다. 중간고사는 약 3과목에서 7과목의 시험을 봅니다.

먼저 1주차입니다. 1주차에는 하루에 두 과목씩 가볍게 교과서와 학습지를 훑어줍니다. 이렇게 하면 총 2회독이 가능합니다. 남은 하루는 놓친 부분을 보충할 수 있도록 계획합니다. 1주차에는 하루 약 2-3시간 정도 잡고 시험 공부를 시작하면 됩니다. 한 과목당 1시간에서 1시간 30분 정도 공부합니다. 수학의 경우는 조금 더 시간을 투자하는 편이 좋습니다.

2주차에는 조금 더 공부 시간을 늘리고 더욱 반복적으로 공부하면 좋습니다. 2주차에는 순수한 공부 시간이 3-4시간은 되어야 합니다. 주말은 더 많은 시간 공부를 하는 것이 좋습니다. 주말에는 공부가 더 필요한 과목을 추가로 공부합니다.

3주차는 마지막 준비 기간입니다. 이때에는 과목 순서도 시험 날짜와 맞추어서 공부하는 것이 좋습니다. 순수 공부 시간은 하루 4-5시간 정도로 계획합니다. 시험 첫날 과목부터 순서대로 하루에 두 과목씩 공부하고, 마지막 날을 제외한 나머지 날에는 부족한 과목을 보충합니다.

마지막 날은 다음 날 시험 공부를, 그리고 시험 본 날에는 그 다음 날 시험 공부를 하면 됩니다.

아래는 예시로 계획표를 만든 것입니다.

9/10 국어1 수학1	9/11 사회1 영어1	9/12 과학1 도덕1	9/13 국어2 수학2	9/14 사회2 영어2	9/15 과학2 도덕2	9/16 수학3
9/17 국어3 수학4 사회3	9/18 영어3 과학3 도덕3	9/19 국어4 수학5 사회4	9/20 영어4 과학4 도덕4	9/21 국어5 수학6 사회5	9/22 영어5 과학5 도덕5	9/23 영어6 수학7
9/24 국어6 수학8	9/25 사회6 영어7	9/26 과학6 도덕6	9/27 국어7 사회7	9/28 수학9	9/29 과학7 영어8	9/30 국어8 수학10/사회8 (1일차 시험 공부)
10/1 영어9 과학8/도덕7 (2일차 시험 공부)	10/2					

과목 옆에 써진 숫자는 몇 회독을 했는지 표시하는 것입니다. 그리고 마지막 줄에 있는 빈칸들은 스스로 공부하면서 보충해야 될 내용이나 과목별 학습지 회독 등을 적어놓는 칸으로 활용하면 됩니다.

물론 이와 같은 방법을 모든 학생들에게 적용할 수 있는 것은 아닙니다. 그러나 시험 공부를 처음 해보는 학생들은 몇 시간 공부해야 하는지, 어떻게 회독을 해야 하는지 어려워하기도 합니다. 이와 같은 방법이나 다른 자신만의 계획법을 활용해 공부한다면 조금 더 든든한 마음으로 시험 준비를 할 수 있을 것이라고 생각합니다.

(4) 창의적 체험활동에 적극적으로 참여해요

자율활동으로 대표되는 '창의적 체험활동'은 자율·자치활동, 동아리활동, 진로활동으로 구성되며, 이는 학교에서 계획하고 학생들에게 1년 동안 정해진 시간만큼 교육 및 활동하게 합니다.

이 시간을 아이가 의미 있게 활용한다면, 자기소개서를 작성하거나 스토리라인을 구성할 때 객관적이고 구체적인 자료로 활용할 수 있습니다.

만약 학교에서 장애 인식 개선 교육 활동을 진행했다고 할 때, 단순히 학교에서 일괄로 영상 교육을 했다 할지라도 대체로 몇 가지의 활동을 진행하게끔 합니다. 이 과정에서 아이가 여러 활동을 통해 자신이 느낀 바를 진지하게 표현하고 이것을 따로 아카이빙 해 놓는다면 추후 고입 시 '인성 영역' 등에서 활용할 수 있습니다.

동아리활동 역시 추후 자기소개서의 자기주도학습 영역에서 중요한 소재로 활용할 수 있습니다. 예를 들어 '공예반' 동아리에서 아이가 꾸준히 공예 활동을 하다 공예품 디자이너를 꿈꾸게 된 경우, 아이의 동아리 활동에서부터 진로까지 이어지는 흐름을 자기소개서에 담는 것이 가능합니다.

현장체험학습 등 다양한 단체 활동도 마찬가지입니다. 활동 후 간단하게라도 느낀 점을 기록해 두면, 추후 활용 가치가 큽니다. 또 이런 단체 활동을 할 때에는 자발적으로 도우미 역할을 모집하는 경우가 있습니다. 이때 적극적으로 나서서 도우미 활동을 하면 리더십 역량을 키울 수 있는 좋은 기회가 될 수 있습니다.

(5) 전교 부회장 선거에 출마하는 것은 좋은 경험이 될 수 있어요

1학년 때에는 학급 회장, 부회장만 가능했던 것이 이제 2학기에는 다음 학년도 전교 부회장 선거에도 출마할 수 있습니다. 중학교 전교 부회장은 학교에 따라 1명을 뽑기도, 또는 남녀 짝을 이루어 2명을 뽑기도 합니다. 이 과정에서 아이들은 초등학교 때와 비슷하지만 보다 구체적인 공약을 세우며 본격적인 선거 운동을 펼치기도 합니다.

물론 모든 학생이 반드시 전교 부회장이 되어야 하는 것은 아닙니다. 하지만 리더십이 있고, 친구들을 위한 봉사 정신을 지녔으며, 학교 일에 관심이 많은 학생이라면 전교 부회장 출마는 매우 좋은 경험이 될 수 있습니다.

아이가 부회장이 된다 하여도 부모님께서 크게 하시는 일은 없습니다. 다만 아이가 방과 후, 또는 이른 아침에 학교에 있는 여러 가지 행사에 참여하는 일이 조금 더 많아집니다. 초등학교 때보다 참여 빈도나 활동의 범위가 더 넓어졌다고 보면 됩니다.

이 시간을 아깝게 여기기보다는 학교를 위해 봉사하는 뜻깊은 시간으로 받아들인다면, 전교 부회장 출마는 아이의 성장을 위한 값진 선택이 될 수 있습니다.

2) 완벽한 Q&A

#가족_간_갈등 #친구와_갈등

Q: 아이가 부모와 말을 하지 않으려고 해요

A: 모든 아이들이 정도의 차이는 있지만 사춘기를 겪습니다. 아이도 지금 사춘기를 겪고 있는 것이라고 생각할 수 있습니다. 보통 아이가 부모와 말을 하지 않아도 학교에서는 친구들과 선생님들과 많은 대화를 하기 때문에 크게 걱정하지는 않으셔도 됩니다. 하지만 보호자로서 아이의 생활을 관심 있게 지켜보고, 문제 행동으로 이어지지 않도록 지도하는 일은 여전히 중요합니다. 따라서 아이의 동선, 아이의 친구들을 꼭 알아두시고 아이가 대화를 원할 때는 진심으로 귀 기울여 주시는 것이 필요합니다.

이렇게 꾸준히 기다리고 열린 마음으로 다가가다 보면, 보통 3개월 내외로 다시 대화를 시작하거나 대화 단절의 정도가 줄어드는 경우가 많습니다.

Q: 아이가 친구들과 잘 지내지 못하는 것 같아요

A: 보통 1학년 2학기가 되면 친구들과의 갈등이 두드러지는 시기입니다. 별것 아닌 말 한마디, 말의 전달 방식 차이, 또는 오해로 인해 갈등이 생기기도 하고, 사춘기 특성상 이성 친구와의 관계에서도 긴장이 발생할 수 있습니다. 이러한 감정의 요동은 학업에도 영향을 줄 수 있지요.

하지만 돌이켜보면 대부분의 어른들도 이 시기를 지나며 친구와의 다툼과 화해를 반복하며 성장해 왔습니다. 아이 역시 이 과정을 통해 사회성을 기르고 있는 중이라고 믿어 주세요.

요즘은 SNS로 시작한 갈등이 가장 많이 일어납니다. 그렇기에 반드시 아이의 휴대폰 습관을 확인하시고, 부모님께서 간헐적으로라도 아이의 메시지 내용을 확인하실 수 있도록 해 주세요. 그리고 아이와 감정적으로 대립하기보다 차분하게 상황을 정리하고 아이가 선택할 수 있는 방법을 함께 고민해 보는 대화가 중요합니다. 상황이 복잡하거나 반복될 경우, 담임 선생님께도 상황을 공유하시면 학교에서도 도움을 받을 수 있습니다.

3) 친절한 꿀팁

#봉사활동 #고등학교_입학_생각

(1) 봉사활동을 꾸준히, 정기적으로 진행해요

코로나 이후부터 계속적으로 봉사활동의 영역이 줄어들었습니다. 아이들이 실질적으로 봉사활동을 하는 것도 어렵다는 의견도 많았고요. 하지만 만약 아이가 봉사 관련 분야로 진로를 고민하고 있거나, 평소 봉사에 대한 진심 어린 관심이 있다면 정기적으로 봉사활동을 할 수 있도록 도와주세요. 그리고 그것을 학교생활기록부에 입력하면 좋은 사료로 활용할 수 있습니다.

봉사활동은 청소년활동정보서비스 홈페이지(https://www.youth.go.kr/youth)에서 '봉사활동 찾기' 메뉴를 활용하면 좋습니다.

청소년활동정보서비스 홈페이지 바로가기

(2) 고등학교 입시 준비를 천천히 생각해요

외국어고등학교에 진학하려면 영어 과목의 성취도가 아주 중요합니다. 직설적으로 말하자면 성취도가 A가 나와야 좋습니다. 그리고 국어, 사회 또는 역사 과목 역시 A가 나오는 것이 바람직합니다. 이처럼 성적을 중심으로 선발하는 특목고나 전국 단위 자율형 사립고의 경우, 해당 학교의 입학전형요강을 확인하고 어떤 과목을 중점적으로 관리해야 하는지 살펴보세요. 그리고 중학교 1학년부터 차근차근 시험을 준비하며 실력을 쌓는다면, 자신이 꿈꾸는 고등학교에 도전할 수 있는 기반을 만들어 갈 수 있을 것입니다.

새로쌤의 1학년 2학기 체크리스트

함께 체크해요!	완료!
진로희망분야를 정성껏 작성해서 제출했나요?	
학교에 성실히 출석하고 있나요?	
학교 출결 규정을 잘 숙지하고 있나요?	
시험 전에 차분히 시험 계획을 세워 준비했나요?	
창의적 체험활동에 적극적으로 참여하고 있나요?	
아이가 원하는 경우, 전교 부회장에 출마할 수 있도록 지지해 주었나요?	
아이와 정서적으로 따뜻하게 교류하고 있나요?	
봉사활동이 필요한 경우, 봉사활동을 꾸준히 진행하고 있나요?	
고등학교 입시에 대해 관심을 갖고 탐색해 본 적이 있나요?	

4장 | 1학년 겨울 방학
사춘기가 와도 공부는 놓지 않아요

이 시기에는 공부할 것도 많지만, 동시에 아이들의 사춘기가 본격적으로 시작되는 때이기도 합니다. 이때부터 중학교 2학년 2학기 정도까지는 밀물과 썰물처럼 사춘기의 감정 변화가 오르락내리락하는 시기라고 볼 수 있습니다. 그렇게 사춘기가 찾아오고 있지만, 아이들이 학습을 완전히 놓지 않도록 따뜻하게 지지하고 응원해 주세요. 그러면 아이는 정서적으로 한층 더 성장할 수 있는, 의미 있는 겨울 방학을 보낼 수 있을 것입니다.

1) 꼼꼼한 준비

#수학_기초 #진로_탐색_심화 #상담으로_아이_파악 #학습_습관_굳히기

(1) 수학은 반드시 정리하고 다지는 과정이 필요해요

중학교 1학년 2학기를 마치고 나면, 아이들은 스스로 어떤 부분의 학습이 더 필요한지 깨닫게 됩니다. 따라서 겨울 방학 때 중1 수학을 반드시 정리하고, 부족한 단원은 반드시 다시 다지고 넘어가는 것이 중요합니다. 이

때 심화 학습을 하지 말라는 것은 아닙니다. 다만, 1학년 때의 평가 결과와 학습 내용을 바탕으로 아이가 스스로 부족하다고 느끼는 부분이 있다면, 그 부분을 먼저 점검하고 정리할 수 있도록 도와주세요. 아이에게 최소 며칠, 최대 2주 이상 정리하는 시간을 주세요.

이런 정리 과정 없이 다음 학년으로 올라가게 되면, 수학에 대한 자신감이 점점 약해진다고 말했던 제자들이 떠오릅니다. 심화 학습만을 서두르기보다는, 지금 이 시기에 꼭 필요한 복습과 정리의 시간을 가질 수 있도록 격려해 주세요.

(2) 진로 탐색을 심화할 때가 되었어요

앞서 언급한 내용과 연결되듯, 1학년 겨울 방학은 진로 탐색을 보다 깊이 있게 진행할 시기입니다. 만약 특목고를 준비하는 학생이라면 이제부터는 반드시 해당 특목고의 입학전형요강을 살펴보고, 필요한 것들을 탄탄하게 준비해야 합니다. 간혹 입시에 실패할까 봐 준비하지 않는 학생들도 있으나 그것보다는 준비하는 과정 속에서 많은 것을 배울 수 있다는 것을 생각하며 1학년 겨울 방학 때부터 꼼꼼하게 준비할 수 있도록 합니다. 특히 예체능 계열을 준비하는 학생들에게는 긴 겨울 방학이야말로 준비를 위한 최적의 시간이 됩니다. 아이가 꿈꾸는 분야를 구체적으로 탐색하고, 필요한 역량을 차분히 쌓아갈 수 있도록 응원해 주세요.

(3) 상담을 신청해서 내가 모르는 내 아이를 객관적으로 파악해야 해요

중학교 1학년 겨울 방학 무렵이면, 아이도 부모님도 어느 정도 학교생활에 적응하게 됩니다. 학습적인 면에서는 비교적 안정된 시기지만, 이때부터 본격적인 사춘기가 시작됩니다.

사춘기가 빨리 오는 아이들 중에서는 중1 2학기부터 본격적으로 눈빛이 달라지기도 합니다. 부모님의 말씀을 듣지 않고 학교도 오기 싫어하는 학생들부터 크게 심적인 변화는 없으나 잠만 자고 싶어 하며 게을러지는 학생들도 있습니다. 말 한마디에 예민해져서 자주 우는 아이들도 있지요.

제 경험상, 사춘기를 건강하게 겪는 아이들은 보통 3개월 정도 지나면 안정되고 학습도 잘 따라옵니다. 하지만 사춘기를 잘 넘기지 못하면 1년 이상 이어져 학업에 큰 영향을 줄 수 있습니다.

따라서 부모님과 함께 사춘기를 이겨내기 어려운 학생이라면 주변의 상담센터 등에서 전문가의 상담을 받아보는 것이 부모님과 아이 모두에게 좋다고 생각합니다.

먼저 학교가 과밀학교가 아니라면, 학교 상담실을 활용하는 것도 좋습니다. 특히 학생 수가 적은 학교는 학부모 상담도 현실적으로 지원하는 경우가 많아 활용도가 높습니다. 따라서 학교의 사정에 따라 학교 상담실을 적극적으로 활용하는 것도 좋습니다.

학교 상담실 이용이 어렵거나 방학 중이라면, 지역 상담 센터를 찾아보세요. 요즘은 시·구 단위로 청소년 및 가족 상담센터를 많이 운영하고 있습니다.

'거주 지역명 + 청소년 상담'으로 검색하면 다양한 기관을 찾을 수 있습니다. 그중 일정이 맞는 곳에서 2-3회 정도 아이와 함께 상담을 받아보면 생각보다 큰 도움을 받을 수 있습니다.

(4) 아이가 스스로 계획을 세우고 실천하는 습관을 들일 수 있도록 해요

이미 꼼꼼한 성격의 아이들이라면 하루 일과를 세우고 그에 따라 실천하는 활동을 하고 있을 수도 있습니다. 하지만 요즘 유행하는 MBTI 유형에 따라서는 이렇게 계획하는 것이 영 맞지 않는 아이들이 있을 수 있습니다.

그러나 중요한 것은 '오늘' 공부한 '결과'가 꾸준히 쌓여야 한다는 것입니다. 방학은 자칫 늘어지기 쉬운 시기이기 때문에, 규칙적인 생활을 위해서라도 반드시 방학 계획을 세우도록 해야 합니다.

다만, 초등학교 때부터 형식적인 방학 계획만 세워왔던 아이들은 이번에도 제대로 계획을 세우지 않으려 할 수 있습니다.

저는 사춘기 초입에 있는 아이들을 염두에 두며 부모님들께 이 계획을 종종 알려드렸습니다.

따로 예체능 계열의 특목고에 지원하지 않을 생각이라면, 방학 동안 국어, 영어, 수학, 과학, 한국사 과목을 공부하는 것이 적당합니다. 이때는 학습 목표를 낮게 잡고, 아이가 매일 실천할 수 있는 양을 정해 주세요. 이때 사춘기가 심한 아이들은 '몰라', '안 해' 등으로 일관할 수 있지만, 매일 오늘 무엇을 공부할 것인지 부모님께서 간단히 손으로 적어주시면 그것이 계획표가 됩니다. 아이들 입장에서도 이미 낮은 목표이기 때문에 일단 하는 것이 어렵지 않아 성취감을 맛볼 수 있고, 꾸준하게 공부하면 안 하는 것보다는 훨씬 나은 결과를 얻을 수 있습니다.

이렇게까지 해야 하나 생각하실 수 있지만 원래 중학생들은 '안 해'와 같은 반항심이 기본이기도 합니다. 그런데도 뭔가를 해내고 나면 뿌듯해하며 웃는 모습이 또 중학생다운 귀여움이기도 하지요.

(5) 독서는 중학교 때까지는 계속 중요해요

2학년이 되면 더욱 마음이 바빠 책을 읽을 시간도 적어지고, 또 사춘기가 시작되면 책을 전혀 읽지 않으려는 학생들도 많아집니다. 그러므로 방학 때는 아이가 관심 있는 책이라면, 내용이 지나치게 선정적이거나 폭력적이지 않은 이상 자유롭게 읽도록 도와주세요. 그리고 그중에 아이가 마음에 들어 하는 책이 있다면 미리 독서기록장에 간단하게라도 정리할 수 있도록 해 주세요. 이렇게 정리한 내용은 2학년 때 학교생활기록부의 독서활동상황에 입력할 수 있습니다. 이 독서활동상황은 정말 중요하기 때문에 이 책에서도 자주 언급하고 여러 번 강조하고 있습니다.

부모님들께서는 아이들이 책을 읽고 독서기록장을 잘 제출할 수 있도록 꼭 도와주세요. 간혹 학교에서 아이들이 책을 읽을 수 있도록 지속적으로 격려 및 지도를 부탁하시는 부모님들도 계십니다. 보통 국어 교과에서는 방학 숙제로 독서기록장 제출 숙제를 내는 경우가 많습니다. 꼭 겨울 방학 가정통신문을 확인해 주시고, 가정에서도 함께 지도해 주세요.

만약 아이가 책을 잘 읽는다면 진로와 연관된 책을 읽게 하는 것이 가장 좋습니다. 진로 관련 도서 목록은 대형 서점 온라인 사이트에서 검색하시면 됩니다. 검색어로 검색하시는 것보다는 관련 분야로 검색하시거나, '청소년' 〉 '일반 교양' 등에서 검색하시는 편이 좋습니다.

예를 들어 우리나라에서 가장 유명한 K문고의 인터넷 사이트에 들어가면 '메뉴' 목록에서 '국내도서'를 누른 후 '청소년'을 선택하면 '청소년' 관련 도서 목록을 쉽게 찾을 수 있습니다. 거기에서 관심 있는 분야를 선택해 베스트셀러나 추천 도서를 골라 읽으면 됩니다.

2) 완벽한 Q&A

`#2학년_예습` `#반_배정` `#휴대폰_이슈`

Q: 2학년 때 배우는 모든 과목을 예습해야 할까요?

A: 일단 어떤 과목을 배우는지 미리 알고 있으면 도움이 됩니다. 보통 신입생의 교육과정은 입학 시점에 이미 정해져 있으며, 그리고 특별한 일이 없는 한 그대로 운영됩니다. 학교알리미 홈페이지(https://www.schoolinfo.go.kr) 또는 연초에 나누어 드린 학부모 총회 자료에서 확인할 수 있는 경우가 많습니다. 만약 찾기 어렵다면 방학 때 학교로 문의하시거나 학교 홈페이지를 통해 확인해 보세요.

그러나 모든 과목을 예습할 필요는 없습니다. 특히 매년 평가 계획은 변경되거나 수정될 수 있기 때문에, 너무 앞서 나가는 예습은 비효율적일 수 있습니다. 불안하다면 학교 도서관에 있는 기출문제집을 구해 가볍게 미리 풀어보는 정도로 준비하면 될 것 같습니다.

학교알리미 홈페이지 바로가기

Q: 반 배정은 어떻게 이루어지나요?

A: 일단 학교에서는 교육행정정보시스템(NEIS)을 활용해 기본적인 반 배정을 진행합니다. 이때는 성적 등을 기준으로 자동으로 배정되며, 동명이인은 같은 반이 되지 않도록 시스템에서 자동으로 체크해 반영합니다.

그 이후에 시스템은 알 수 없는 학교폭력 가·피해 관계, 코드가 심하게 맞지 않는 학생들, 심리적으로 갈등이 있는 조합, 반 분위기를 해칠 수 있는 경우 등을 고려해 현재 담임 선생님들이 회의를 통해 최종 조정합니다. 이렇게 확인된 자료를 바탕으로 진급하는 학년의 반 배정이 완료됩니다. 이 또한 진급을 위해 학교장 결재를 받는 공식 절차이기 때문에 추후 반 배정과 관련된 민원을 제기해도 조정하기 어렵습니다. 그만큼 현재 학년의 담임 선생님들이 모두 모여 신중하게 확인한 반 배정 결과라고 생각하시면 됩니다.

그러나 선생님들도 미처 알지 못한 정보가 있다면 반 배정을 하기 전, 즉 겨울 방학이 오기 전에 정보를 담임 선생님께 전달해 드리는 것도 좋습니다. 그러면 그 정보를 바탕으로 논의하신 후 가능한 범위 내에서 반영하려 노력하실 것입니다. 물론 정보를 전달하셨더라도 그대로 반영되지 않을 수 있다는 점도 고려해 주세요.

Q: 아이들 휴대폰 메시지를 확인해야 할까요?

A: 일단 저는 확인하는 편이 낫다고 봅니다. 그러나 아이들 몰래 보는 것이 아니라, 아이들과 함께 적당히 확인하고 어느 정도의 장난은 가볍게 지도하고 넘어가는 편이 좋습니다.

그러나 성적인 농담, 왕따 등의 괴롭힘의 징후가 보인다면 반드시 단호하게 확인하고 다시는 그런 일이 없도록 해야 합니다. 아이들도 이런 문제가 위험하다는 것을 학교나 여러 매체를 통해 인지하고 있습니다. 따라서 부모님이 현실적이고 구체적으로 이야기해 주시는 것이 좋습니다.

그러나 너무 과하게 혼을 내어 아이가 휴대폰의 메시지 내용을 지우거나, 2–3학년이 되면 공폰(공기계)를 가지고 와서 따로 친구들과 소통하는 경우도 있기 때문에 여러 번 주의 깊게 이야기 하며 지도하는 편이 좋습니다.

3) 친절한 꿀팁

`#2학년_가정통신문_미리보기` `#일상_루틴_만들기`

(1) 2학년 가정통신문을 미리 살펴보면 많은 정보를 알 수 있어요

아직 진급 전 겨울 방학이라면 내년 중간고사 일정, 학교 행사 등의 일정이 궁금하실 수 있습니다. 그때에는 학교 홈페이지에 게시된 가정통신문 등을 활용하시는 편이 좋습니다.

가정통신문을 살펴보면 올 한 해 어떤 일정이 진행되었는지 살펴보기에 편하며 또 그에 따라 준비해야 할 것들도 확인할 수 있습니다. 물론 내년에도 동일하게 운영된다는 보장은 없지만, 대체로 비슷한 흐름으로 진행되기 때문에 참고하기에 충분합니다.

(2) 아이와 함께 보내는 일정한 루틴을 만들어요

사춘기 아이와 대화하는 것도, 그렇다고 매번 혼내는 것도 쉽지 않습니다. 그래서 저는 방학 때만이라도 아이와 짧게나마 꼭 함께하는 루틴을 만들면 좋겠다고 생각합니다.

예를 들면 화요일과 목요일에는 꼭 아이가 좋아하는 떡볶이 사서 먹기, 금요일에 학원 끝난 아이와 마라탕 먹기, 일요일에는 아이와 함께 동네길

걸으며 붕어빵 먹기 등 소소한 일상을 활용하면 좋습니다.

이 시기의 아이들은 보통 먹는 것으로 유혹하면 조금 나은데요. 처음에는 귀찮다고 안 나오다가도, 결국 못 이기는 척 따라나서는 경우가 많습니다.

아이에게 특별히 일정이 없을 때, 집에서 따로 외출하지 않아도 될 때 등을 활용하면 시간이 아깝다, 춥다는 등의 실랑이를 따로 하지 않아도 됩니다. 꼭 사춘기가 한창인 아이들이 아니더라도 아이와 일정한 루틴을 만들어 활용하면 대화가 쉬워지고 관계도 가까워집니다.

공부 한 장 더 하는 것보다 내 아이의 이야기를 들어주는 것이 훨씬 더 소중합니다.

새로쌤의 1학년 겨울 방학 체크리스트

함께 체크해요!	완료!
수학을 정리하고 기초를 다지는 과정을 거쳤나요?	
진로에 대해 더 깊이 탐색해본 적이 있나요?	
필요한 경우, 상담을 통해 아이를 객관적으로 파악했나요?	
아이가 스스로 계획을 세우고 실천하는 것을 습관화할 수 있도록 했나요?	
독서를 아이의 진로와 연결 지어 수준 있게 진행했나요?	
2학년 때 배우는 과목에 대해 살펴보았나요?	
2학년 가정통신문을 미리 살펴보았나요?	
아이와 함께 보낼 수 있는 일정한 루틴을 만들어서 함께 시간을 보냈나요?	

> **중학교 1학년을 위한 새로쌤의 완벽한 핵심 단어** (적응)
>
> 중학교 입학 후 처음 만나는 학년입니다. 아이도 부모님도 적응하느라 많이 긴장되는 시기일 수 있습니다.
>
> 학교에서 요구하는 각종 서류는 정성껏 제출해 주시고, 초등학교 때와 다른 중학교의 모습 그대로를 받아들이려는 열린 마음을 먼저 보여주세요. 담임 선생님은 여러 반의 학생들을 동시에 지도하시기 때문에, 우리 아이를 빠르게 파악하지 못할 수도 있습니다. 그렇지만 항상 많은 관심을 가지고 우리 아이를 지도하고 계신다는 점을 기억해 주세요.
>
> 아이의 진로에 대해 차분하게 생각해 주세요. 또한 아이가 학교생활을 온전히 즐길 수 있도록 자주 응원해 주세요. 그러면 자연스럽게 학교생활기록부를 알차게 채울 수 있습니다.
>
> 또한 독서기록장을 제출하는 것도 잊지 마세요.

중학교 2학년

: 사춘기, 튼튼한 학교생활기록부 만들기

1장 | 2학년 1학기
사소하지만 중요한 것들을 챙겨요

아이들의 2학년 첫 시험과 사춘기가 함께 하는 시기입니다. 학부모 온라인 카페 등에서 보면 아이가 미워서 어쩔 줄 모르는 부모님들이 가장 많은 시기이기도 합니다. 성별을 나누어 단정 짓기는 어렵지만, 대체로 남자아이들 부모님께서는 아이가 게임을 많이 하는 것에 고민이 많습니다. 여자아이들 부모님들께서는 친구 관계, 화장, 휴대폰 사용 시간 등에 고민을 많이 하시지요. 그러나 공통적인 것은 학업이 아닌 다른 것에 시간과 관심을 많이 둔다는 것입니다. 이 시기를 잘 헤쳐 나가는 방법에 대해 알려드릴게요.

1) 꼼꼼한 준비

#자율동아리 #교과_세특_작성_노력 #학교_상담_신청 #지필평가_노력

(1) 자율동아리 활동은 하는 것이 좋아요

자율동아리 운영은 말 그대로 '자율'입니다. 따라서 1학년 때부터 자율동아리를 신청했던 학생들, 신청하지 못한 학생들, 신청해서 활동을 잘 마무리해서 올해도 이어가는 학생들, 2학년 때에는 하지 않는 학생들 등 다양한 경우의 수가 있게 됩니다. 그러나 특별한 경우를 제외하고 자율동아리 활동은 하는 편이 좋습니다.

저 역시 매년 자율동아리 담당 선생님으로 아이들의 운영에 도움을 주었는데요. 아이들에게 가장 도움이 많이 되었던 동아리는 자기주도학습과 심화 학습을 스스로 아이들끼리 진행하는 동아리였습니다. 쉽게 말해 스터디 클럽이었던 것이지요. 과자를 가지고 와서 1주일에 한 시간 정도씩 모여 공부를 하고 모르는 것을 서로 알려주고, 국어는 저와 함께 개념 공부를 하기도 했습니다. 그러다 좋은 독후감 대회, 공모전, 독서 행사 등이 있으면 제가 아이들을 인솔해 참여하기도 했습니다. 아이들이 선생님 인솔 하에 함께 진행하면서도 너무 힘들지 않은 이 활동이 좋다고 했던 기억이 납니다.

따라서 저는 마음이 맞는 친구들 또는 선후배와 함께 어떤 자율동아리든지 진행하는 편이 낫다고 봅니다. 만약 아이가 상의할 수 있는 선생님이 계신다면 조언을 구해보는 것도 나쁘지 않습니다.

잘 운영되었던 자율동아리로는 댄스 동아리, 간식 나눔 동아리, 고전문학 동아리, 토론 동아리, 자기주도학습 동아리 등이 있습니다. 이 외에도 아이가 관심 있는 분야의 자율동아리를 운영하거나 가입하도록 격려해 주시는 것도 좋습니다.

(2) 교과 세특을 위한 노력을 꾸준히 할 수 있도록 해 주세요

각 교과 담당 선생님께서 작성해주시는 학교생활기록부의 '교과학습발달상황' 영역이 있습니다. 이 중에서도 '과목별 세부능력 및 특기사항', 즉

줄여서 보통 '교과 세특', '과세특', '세특' 등으로 말하는 이 영역은 학생참여형 수업 및 수업과 연계된 수행평가 등에서 관찰한 내용을 입력하는 것을 말합니다. 이 영역은 사실 현실적으로는 특목고, 자사고 등에서 더 중요하게 여겨집니다. 일반고 전형에서는 점수로 환산되지 않기 때문입니다. 그러나 이 교과 세특이 잘 작성된 학생들은 '성실성'을 입증받을 수 있습니다.

성별에 따라 누가 더 유리하고 불리하고를 나누기는 어렵습니다. 초등학교 때에는 꼼꼼하고 끝까지 다 해내는 학생들이 수행 능력이 우수한 경우가 많습니다. 그러나 중학교에서는 꼼꼼하고 끝까지 다 해내는 학생이 교과 세특 작성 시 무조건적으로 유리하지는 않습니다. 쉽게 말해 '퍼포먼스'와 '성적'이 교과 세특을 좌우합니다. 즉, 선생님이 수업 시간에 특별히 준비해 오라고 한 과제나 발표에서 최선을 다해 목표를 달성하고, 중간·기말고사에서 좋은 성적을 받은 학생이라면 교과 세특이 기록될 가능성이 높습니다. 그리고 가장 중요한 것은 수업 태도입니다. 위의 두 가지를 정말 잘하는 학생이라도 수업 태도가 좋지 않다면 교과 세특을 적어주기는 어렵지요.

최근에는 교과 세특과 관련한 학부모 민원이 많이 발생하기 때문에 객관적 기준을 마련하고 교과 세특을 작성합니다. 또한 교육부에서 발간한 '학교생활기록부 기재요령' 등에 따르면 '지필평가와 수행평가 결과를 토대로 과목별 성취기준에 따른 성취수준의 특성 및 참여도·태도 등 특기할 만한 사항을 구체적이고 객관적으로 입력함.'이라고 안내되어 있습니다. 따라서 학교에서는 성적과 수행평가 점수 등을 토대로 기준을 정하고 이를 따릅니다. 수업 태도도 중요한 평가 기준입니다.

아이가 조금 게으르거나 시끄럽다고 해서 교과 세특을 적어주지 않는 것이 아닙니다. 만약 아이의 성적이 지필평가와 수행평가를 포함해 100점에 가까운데도 교과 세특이 없는 경우, 평소 선생님이 무리 없이 수업을 이끌어 나가신 분이라면 아이의 수업 태도가 어떠했는지 다시 살펴보아야 합니다. 이처럼 교과 세특은 매우 중요한 내용이며, 당해 학년인 2학년 교과 세특은 3학년에 올라가야 확인할 수 있기 때문에 아무리 민원을 넣어도 수정이 어렵습니다. 교과 세특 작성은 교과 선생님의 고유 권한이기 때문입니다.

특히 입시 일정에 따라 성적 등 교과 세특이 3학년 1학기만 반영되는 경우가 있고, 영재학교 입시는 3학년 세특 입력 전에도 시작되기 때문에 1, 2학년 교과 세특이 매우 중요합니다. 특히 2학년 교과 세특은 자유학기가 아닌 일반학기여서 입시를 준비하는 학생들에게는 더욱 중요합니다. 아이가 학교생활을 하는 동안 이 내용을 잊지 않게 해 주세요.

(3) 학교 상담은 2학년이 1학년에 비해 더 필요한 경우가 많아요

2학년 역시 1학년 때와 비슷하게 상담을 하시면 됩니다. 반드시 대면 상담을 하실 필요는 없습니다. 그러나 2학년은 1학년보다 더욱 객관적이고 구체적인 아이의 모습을 담임 선생님께 전달하는 것이 좋습니다.

2학년은 정말 여러 가지 일이 발생하는 경우가 많습니다. 엄청난 일이 일어나는 것은 아니지만 사춘기가 시작된 아이들의 여러 심경 변화가 함께 일어나는 때라 보시면 됩니다.

따라서 우리 아이의 좋은 점만을 보시고 우리 아이는 괜찮다, 우리 아이는 아주 착하다는 말을 담임 선생님께 하지 않으시는 것이 좋습니다. 이미 선생님들은 많은 아이들의 중2 모습을 수차례 봐온 터라, 아이들의 사춘기가 어떤 느낌인지 알고 있기 때문입니다. 부모님께서 객관적이고 현실적인 시각으로 아이에 대해 말씀해 주시면, 선생님도 아이를 더 잘 이해하고 미워하지 않으며, 사춘기 아이들을 따뜻하게 보살피려고 노력하실 것입니다.

학교와 학부모는 함께 아이를 성장시키는 동반자임을 기억해 주세요. 또한 아이가 실수하고 배우는 과정도 좋은 어른으로 자라나는 중요한 과정임을 잊지 않으시면 좋겠습니다.

(4) 각종 평가 준비도 철저하게 해야 하는 때가 왔어요

앞서 안내 드린 것과 같이 2학년은 1학년 때와는 다르게 지필평가, 즉 중간고사 기말고사를 모두 치릅니다. 2-3주간 시험 공부에 집중해야 하는 기간을 제외하면 평소 하던 공부와 심화 학습은 자신의 페이스에 맞게 꾸준히 이어가면 됩니다.

시험 공부를 하는 방법은 1학년 때 찾아둔 자신의 스타일에 맞추어 하면 좋습니다. 부모님께서는 아이가 열심히 공부하도록 믿고 응원해 주세요.

아이에게 100점을 받는 것보다, 이전에 약했던 부분을 극복하도록 도와주면 성적이 점차 오를 것입니다. 무조건 A를 받거나 만점을 맞는 것보다, 아이가 성취감을 느끼고 자신도 잘할 수 있다고 생각하는 것이 더 중요합니다.

중학교 때 성적이 좋은 과목이 고등학교 때 아이가 가장 좋아하는 과목이 될 가능성이 큽니다. 그리고 그 계열로 대학 전공 학과를 정하거나 앞으로의 진로를 정하기도 합니다. 이런 내용들을 아이들이 시험 공부를 할 때 가끔씩 이야기해 주세요.

또한 각 과목의 성적에는 중간고사, 기말고사 점수만 들어가는 것이 아니라 수행평가 점수도 함께 들어갑니다. 수행평가에서 가장 중요한 것은 '기한', '시간', '성실성'입니다. 수행평가 제출 날짜에 잘 맞추어서 낼 것, 시간 안에 완성해서 제출할 것, 조금 부족하더라도 성실하게 끝까지 해낼 것, 이 세 가지를 충족한다면 아주 낮은 점수를 받을 일은 거의 없습니다. 이 역량을 기를 수 있도록 챙겨주시면 됩니다.

(5) 독서는 꾸준하게 챙겨주세요

독서기록장 역시 2학년 때에도 제출해야 합니다. 앞서 여러 번 말씀드렸듯이, 이유 없이 전래 동화나 웹 소설만 읽고 기록하는 것은 바람직하지 않습니다. 물론 동화 작가나 웹 소설 작가를 꿈꾼다면 상황이 달라질 수 있겠지요. 즉, 독서 활동을 통해 진로에 대한 스토리를 만들어 낼 수 있는 것이 좋습니다. 그리고 한 학기에 1-2권 정도 독서기록장을 제출하는 것에서 만족하기보다는 더 많은 책을 읽고 기록하는 것이 좋습니다.

(6) 영재학교 지원이 가능해요

2학년 때, 영재학교에 지원이 가능합니다. 물론 1학년 때에도 지원은 가능합니다. 따라서 수·과학에 뛰어난 역량을 가진 학생들은 2학년 때 영재학교에 지원할 수 있습니다. 학교에서 미리 준비를 따로 할 것은 없습니다. 다만 지원하는 아이들은 대부분 수·과학과 관련하여 심화 학습을 통해 준비를 했던 학생들이 지원하는 경우가 많습니다. 아이가 수·과학을 상당히 좋아하고, 심화 학습을 하는 데에 부담이 적은 아이라면 영재학교에 지원할 수 있습니다. 이때에도 짧은 추천서 등이 필요하기에 교과 선생님과 담임 선생님께 미리 말씀드리고 일정을 잘 확인하여 지원해야 합니다.

2) 완벽한 Q&A

#친구와_시험_공부   #교과_세특_관련_문의

Q: 아이가 시험 공부를 할 때 친구들과 같이 하기를 원합니다. 허락해 주어도 되나요?

A: 솔직히 말씀드리면, 대부분의 경우 집에서 혼자 공부하는 게 더 효과적입니다. 친구와 함께라면 유혹이 많아 공부에 집중하기 어려운 경우가 많기 때문입니다. 동네 도서관에 가 보면 아이들이 친구와 놀거나 휴대폰 게임 등을 하는 아이들도 많습니다. 하지만 아이가 스스로 유혹을 잘 이겨내고 집중할 수 있는 편이라면, 친구들과 함께 공부해도 괜찮습니다. 그렇지 않으면 한두 번 정도는 허락하되, 주로 집에서 혼자 공부하도록 해 주세요. 아이가 친구들과 함께하지 못 한다고 서운해 할 수도 있지만 성적이 기대에 못 미칠 때 더 속상할 수 있다고 설명해 주세요.

Q: 영재학교를 준비 중입니다. 교과 세특을 잘 써달라고 교과 선생님께 미리 부탁하는 게 좋을까요?

A: 아닙니다. 교과 세특은 학생의 실제 수업 참여와 성취를 바탕으로 작성되는 것이기 때문에, 부모님께서 미리 부탁한다고 해서 원하는 내용이 작성되지는 않습니다. 만약 그런 식으로 세특이 작성된다면, 영재학교 입학 후 학교생활이 쉽지 않을 수도 있습니다. 또한, 부모님보다는 아이가 선

생님과 신뢰를 쌓고 개인적으로 이야기할 기회가 있을 때 영재학교에 지원할 예정이라는 정도만 말씀드리는 편이 더 적절합니다.

Q: 아이가 공부에 소질이 없는 것 같은데 시험 공부를 시켜야 할까요?

A: 네, 그래도 당연히 시도해 보는 편이 낫습니다. 공부는 꾸준히 하면 할수록 실력이 향상됩니다. 선천적으로 머리가 비상하게 좋거나 월등히 공부를 잘했던 아이들보다는 성적이 나오지 않을 수 있습니다. 그러나 공부를 하면 분명히 성적이 이전보다 오르게 되어 있습니다. 성적이 오를 가능성이 있는 아이라면 공부를 통해 성취감을 느낄 수 있도록 응원해 주세요.

3) 친절한 꿀팁

#시험_긴장도_낮추기   #기출문제_풀기

(1) 시험 긴장도가 높은 아이라면, 긴장을 이완할 수 있도록 도와주세요

시험 때마다 긴장도가 높은 학생들이 있습니다. 아이가 시험에 무던하면 좋겠지만 긴장이 높은 아이들이라면 가정에서 긴장을 풀어주는 일이 아주 쉽지만은 않지요. 그런 아이들에게는 시험 때 반드시 필요한 물건이나 음식 등이 있습니다. 예를 들어, 신나는 노래를 듣고 난 후 공부를 한다거나, 인형이나 담요를 옆에 두고 시험 공부를 하는 것이 마음의 안정에 도움이 된다는 아이들이 있습니다. 시험에 방해가 되지 않는 선에서 아이에게 마음의 안정을 찾을 수 있게 도와주세요. 아이가 조금 더 성숙해지면 스스로 긴장을 조절하는 모습을 볼 수 있을 것입니다.

(2) 같은 교과서를 쓰는 인근 학교의 기출문제는 푸는 것이 좋아요

중학교에서 사용하는 교과서는 출판사별로 다릅니다. 수학이나 과학은 교과서가 달라도 교육과정에 따라 내용 차이가 크지 않지만, 국어나 영어는 사용하는 지문에 따라 문제 스타일이 달라질 수 있습니다. 그래서 같은 출판사의 교과서를 사용하는 인근 학교의 기출문제를 우선적으로 풀어보는 것이 좋습니다.

기출문제를 구하는 방법은 여러 가지가 있습니다. 대형 서점에서 기출문제집을 구매하기도 하고 동네 서점에서 기출문제만 모아 놓은 자료를 구입할 수도 있습니다. 또는 인터넷에서 검색을 통해서도 찾을 수 있습니다.

그러나 가장 중요한 것은 우리 학교의 기출문제를 풀어보는 것입니다. 시험 전에 반드시 우리 학교 기출문제를 풀어볼 수 있도록 도와주세요.

새로쌤의 2학년 1학기 체크리스트

함께 체크해요!	완료!
자율동아리 활동에 관심을 갖고 탐색했나요?	
교과 세특 작성을 위해 꾸준하고 성실하게 노력했나요?	
학교 상담을 통해 아이를 더 잘 이해할 수 있었나요?	
각종 평가를 철저히 준비할 수 있도록 도와주었나요?	
독서는 지필평가 기간을 제외하고 꾸준하게 했나요?	
영재학교 지원 자격이나 가능성을 미리 확인했나요?	
시험 긴장도가 높은 아이라면, 긴장을 이완할 수 있도록 도와주었나요?	
같은 교과서를 사용하는 인근 학교의 기출문제를 풀었나요?	

2장 | 2학년 여름 방학
무기력한 아이에게는 응원이 필요해요

중학교 2학년 여름 방학은 무더운 날씨와 사춘기, 그리고 학교에 가지 않는다는 조건이 겹쳐져 부모님들께 가장 힘든 시기일 수 있습니다. 이 시기에는 아이에게 갑자기 새로운 활동이나 공부를 시키기보다, 기존에 하던 것을 꾸준히 이어가며 아이가 원할 때 자연스럽게 추가해 주는 것이 가장 좋은 방법입니다.

1) 꼼꼼한 준비

`#자기주도학습` `#고입_입시_알아보기`
`#방학_숙제하기` `#자녀_행동_반경_파악_필요`

(1) 진정한 자기주도학습을 시작해야 해요

갑자기 다니던 학원을 그만두는 것이 자기주도학습은 아닙니다. 제가 생각하는 자기주도학습이란, 자신의 학습 상태를 정확히 파악하고 그에 맞는 과제를 스스로 해결하며 성취감을 느끼는 것입니다.

따라서 학원을 다니지 않고 혼자 공부하라는 것이 아니라, 여름 방학 동안 자신만의 목표를 세우고 그것을 끝까지 이루어내는 것, 그리고 그 결과를 만들어내는 과정 자체가 자기주도학습의 본질이라고 생각합니다.

아이는 이미 중간고사, 기말고사 성적표를 받아, 본인이 어떤 부분이 부족한지 또 친구들과 비교해 어느 정도 차이가 있는지를 알고 있을 것입니다. 그렇기 때문에 이번 방학은 그 부족한 부분을 보충하는 시간으로 삼는 것이 좋습니다. 부모님께서도 아이의 상태를 객관적으로 살펴주시고, 아이가 현실적인 계획을 세워 스스로 실천할 수 있도록 도와주세요.

(2) 전교 임원에 대한 생각이 있다면 선거 출마를 준비하는 것도 좋아요

1학년 때에는 다음 학년도 전교 부회장까지만 출마가 가능했으나, 이제 2학년이 되면 다음 학년도 전교 회장까지도 출마할 수 있습니다. 보통 2학기에 선거가 있으니 여름 방학 때 선거 출마에 대한 생각을 정리하면 좋습니다.

중학교의 전교 회장과 부회장 선출 방식, 그리고 각 학년에 따라 가능한 직책은 학교마다 다르기 때문에, 자세한 내용은 학교의 학교알리미 홈페이지 (https://www.schoolinfo.go.kr)를 찾아보거나 담임 선생님께 직접 여쭤보면 좋습니다.

반드시 모든 학생이 전교 임원에 도전해야 하는 것은 아니지만, 아이가 리더십이 있고 친구들을 위한 봉사 정신을 가지고 있으며 학교 일을 하고 싶어 한다면 전교 부회장이나 회장에 출마하는 것도 좋은 경험이 될 것이라고 생각합니다.

아이가 임원 당선이 되면, 부모님께서 하셔야 할 특별한 일은 많지 않지만, 방과 후나 이른 아침에 진행되는 학교 행사에 참여하는 횟수는 앞선 장에서 언급한 것과 같이 초등학교 때보다 더 많아질 수 있습니다.

또한 임원 활동을 통해 전교생을 대표해 학교생활에 참여하고 의견을 조율하면서 책임감을 기를 수 있습니다.

학교알리미 홈페이지 바로가기

(3) 특목고의 일정을 미리 파악해요

특목고를 준비하는 학생이라면 아직 2학년이라 해도 올해의 입시 일정과 전형 방식을 살펴보고 미리 준비해야 할 부분들을 정리해 두는 것이 좋습니다. 학교에 따라서는 입학 전형 시 체력 시험을 보기도 하므로 등 미리 준비가 필요한 것들이 있기도 합니다.

또한 영재학교의 경우, 수학과 과학 시험 문제는 주로 중학교 3학년 과정 내에서 출제되므로 그 범위의 심화 학습이 필요합니다.

이와 같은 정보는 지원하고자 하는 학교의 공식 홈페이지를 통해 확인할 수 있습니다. 특목고들은 대부분 별도의 입학전형요강을 제공하므로, 이를 꼼꼼히 확인하고 중요한 일정이나 조건을 놓치지 않도록 준비해 주세요.

(4) 입학설명회 일정을 미리 파악하고, 참석이 가능하면 들어보세요

입학설명회는 꼭 중학교 2학년 때 참석하지 않아도 되지만, 시간적 여유가 있다면 미리 경험해 보는 것도 좋습니다. 특히 인근의 자율형 사립고등학교(자사고)에 관심이 있다면, 해당 학교의 입학설명회 일정을 확인하고 중3

학부모에게 한정된 설명회가 아니라면 참석해 보세요.

사립학교는 공립학교에 비해 학교 고유의 아이덴티티와 교육 방향이 뚜렷한 편입니다. 이에 따라 입시 지도 방식이나 교육 환경도 조금씩 다릅니다. 입학설명회에서는 이런 내용을 학교 선생님이 직접 설명해 주기 때문에 학원이나 인터넷 검색, 지인에게 듣는 정보보다 훨씬 유익합니다.

또한 사립은 선생님의 근무지 변동이 공립에 비해 적기 때문에, 올해 입학설명회에 참석하면 내년에 자사고를 선택할 때 도움이 될 수 있습니다.

보통 여름 방학 전후로 입학설명회 안내가 시작되는 경우가 많으니 관심이 있는 학교의 홈페이지 등을 참고해 주시면 좋습니다.

(5) 방학 숙제는 반드시 해야 합니다

중학교에서도 과목에 따라 방학 숙제가 나오는 경우가 있습니다. 저 역시도 방학 숙제를 낸 적이 많은데요. 보통 독서기록장 작성, 문제집 1권 풀어 오기 등이었습니다. 실제로 아이들이 방학 중에 할 수 있는 수준의 과제만을 내는 것입니다.

그러나 숙제를 모두 해올 것 같아 보여도, 의외로 독서기록장조차 작성해 오지 않는 학생들이 많습니다. 그렇기 때문에 꼭 집에서 방학 숙제를 한 번 챙겨주시면 좋습니다. 이 역시도 성실한 태도를 기르는 역량이 되기 때문입니다. 아이가 안 해도 된다고 해도 꼭 시켜주세요. 방학 숙제 역시 성실성을 입증할 수 있는 좋은 기회입니다.

(6) 자녀를 관리해 주세요

사춘기를 겪는 자녀와 갱년기를 맞은 부모님은 서로 멀고도 가까운 존재입니다. 이때가 되면 아이들이 말을 듣지 않는다며, 또 아이가 다 컸다며 많은 것들을 아이에게 주도적으로 맡기시는 부모님들도 있습니다.

그러나 저는 아이가 스스로 해야 할 일과 부모님이 반드시 챙겨야 할 일은 분명히 구분되어야 한다고 생각합니다.

예를 들어 학원이 끝난 후 밤 10시쯤 아이가 편의점에 들러 간식을 사 오는 것은 괜찮을 수 있습니다. 그러나 그 시간에 친구들과 편의점 간이 의자에 앉아 오래 머무르며 간식을 먹고 노는 것은 위험할 수 있습니다. 밤 10시 이후에는 간식도 집에 와서 먹는 편이 더 안전하다고 생각합니다.

요즘은 예전처럼 동네 어른들이 아이를 알아보고 지켜주는 분위기도 아니고, 거리에 항상 믿을 수 있는 어른이 있는 것도 아닙니다. 밤늦은 시간은 예상보다 더 많은 위험이 존재합니다.

그렇기 때문에 부모님들께서는 아이가 밤 10시 넘어서 바깥에 있거나, 친구들끼리만 외부로 멀리 나가는 상황은 사전에 꼭 알고 계셨으면 좋겠습니다. 생각보다 바깥은 위험하고, 우리 아이들은 어립니다.

2) 완벽한 Q&A

#탐구영역_공부 #출결 #체험학습

Q: 여름 방학 때 탐구 영역을 공부하는 것은 어떨까요?

A: 여름 방학은 수능 탐구 영역인 통합사회, 통합과학을 공부할 수 있는 절호의 기회라고 생각합니다. 특히 아이가 기존에 공부하던 국영수 과목에 지쳐 있다면, 그저 쉬라고 하기보다는 사회, 과학을 가볍게라도 공부하면 좋습니다.

2028학년도 수능부터는 통합사회, 통합과학을 모든 수험생들이 치르게 됩니다. 범위는 고등학교 1학년 수준이지만, 당연히 변별력 있는 문제가 출제될 수 있기에 방학 동안 중학교 사회, 과학 개념을 포함해 기초 개념을 익혀 두는 것이 도움이 됩니다.

Q: 개학식 날 빠지고 해외 여행을 가도 될까요?

A: 이것은 학교 규정에 따라 가능한 학교도 있고 그렇지 않은 학교도 있습니다. 그러나 저는 추천드리지 않습니다. 가급적이면 방학식과 개학식에는 정상적으로 참석해 학교의 주요 안내 사항을 빠짐없이 듣는 것이 좋습니다.

중학교 때에는 앞서 말씀드린 것처럼 수행평가가 많고, 학기 초부터 평가 일정과 과제가 공지되는 경우가 많습니다. 개학식 날의 안내를 놓치게 되면 아이가 챙겨야 할 것들이 더 늘어나고, 학기 초부터 불필요한 혼란을 겪을 수 있습니다. 그렇기 때문에 여행은 가능하면 방학 때 다녀오시는 편이 좋습니다.

3) 친절한 꿀팁

#진로멘토링 #스트레스_해소법 #응원

(1) 아이의 진로와 연관된 선배들의 멘토링이 효과적이에요

다양한 체험 중에서도 요즘 학생들은 선배들의 멘토링을 선호하는 편입니다. 그리고 저 역시도 부모님만큼 나이 차이가 나는 어른의 이야기보다는 형이나 누나, 언니 또는 오빠와 같은 선배가 이야기해주는 것이 훨씬 더 현실적으로 와닿을 수 있다고 생각합니다.

이런 멘토링은 꼭 비용을 들이지 않아도, 유튜브 등의 영상을 통해 쉽게 접할 수 있습니다. 아이가 가고 싶어 하는 학교나 학과, 직업명을 검색한 뒤, '공부 방법', '공부법', '중학교 때' 같은 키워드를 함께 입력해 보세요. 다양한 멘토링 영상이 나올 것입니다.

영상 시청 후 궁금한 점이 생긴다면, 영상 속 선배에게 직접 질문을 하거나 관련 진로 체험 프로그램에 참여해 보는 것도 좋습니다.

(2) 스트레스를 푸는 방법을 찾아보고, 아이 나름의 방식을 응원해 주세요

아이는 앞으로 최소 5년 이상 꾸준히 공부해야 하기에, 공부가 힘들어질 때 소소한 취미로 스트레스를 풀 수 있는 방법을 찾아주시면 좋습니다.

예를 들면 제가 가르친 어떤 학생은 스트레스가 심할 때마다 스트레스 볼을 만지는 습관이 있었습니다. 아마 슬라임을 즐겨 만지던 세대의 아이라 이렇게 스트레스 볼을 만지는 것만으로도 긴장이 풀어지는 것 같았습니다.

실내 자전거 타기, 귀여운 강아지 영상 보기 등 아주 간단하고 소소한 것만으로도 스트레스가 풀리는 아이들이 있는가 하면 등산하기, 달리기 등으로 스트레스를 해소하는 아이들도 있습니다.

무엇이 되었든 스트레스 해소 방법을 찾는 것은 건강한 일입니다. 부모님 입장에서는 시간이 아깝게 느껴질 수 있지만, 짧은 30분의 휴식이 오히려 3시간의 집중력 있는 공부로 이어질 수도 있습니다.

새로쌤의 2학년 여름 방학 체크리스트

함께 체크해요!	완료!
진정한 자기주도학습을 시작하도록 도와주었나요?	
아이가 원하는 경우, 전교 임원에 출마할 수 있도록 지지해 주었나요?	
특목고에 대해 생각이 있다면, 관련 일정을 미리 파악했나요?	
고등 입학설명회 일정을 미리 파악하고 가능하다면 참석했나요?	
학교 방학 숙제를 하고 학교에 제출했나요?	
자녀의 행동을 관리하고 일정을 꼼꼼하게 챙겼나요?	
아이의 진로와 연관된 선배들의 멘토링을 탐색해 보았나요?	
아이가 스트레스를 푸는 방법을 찾도록 돕고 응원했나요?	

3장 | 2학년 2학기
학교생활을 성실히 하며 진로를 탐색해요

중학교 2학년 2학기는 아이들이 말하기를 중학교 생활 중 가장 빠르게 지나간다고 합니다. 또한 곧 3학년이 되니 공부에 대한 욕심도 생기면서 감정 변화도 심해지는 시기입니다. 이때는 사춘기가 끝나가는 아이, 한창인 아이, 그리고 이제 막 시작한 아이들이 모두 한데 모여 있어 학교 입장에서도 매우 까다로운 시기입니다. 그래서 특히 학교폭력이 발생하지 않도록 각별히 주의해야 하는 때이기도 합니다.

1) 꼼꼼한 준비

#고등학교_진학_계획   #성실한_평가_준비   #학교_폭력_예방하기

(1) 고등학교 진학 계획을 세워야 하는 시기가 왔어요

이제 아이가 스스로 어느 고등학교에 가고 싶은지 생각해 보도록 도와줘야 하는 시기입니다. 고등학교 종류로는 가장 많은 아이들이 진학하는 일반고 외에도 앞서 말한 것처럼 특목고, 자사고 등이 있으며, 뒤에서 자세히 다루겠지만 특성화고, 마이스터고 등도 있습니다. 특목고와 일부 자사고를 제외하면 아직 본격적인 준비가 필요하지 않지만, 진로에 대해 계속 고민하면서 어느 고등학교에 가고 싶은지, 그리고 그 학교에 가기 위해 무엇을 준비해야 할지 미리 생각해 두는 것이 중요합니다.

(2) 2학년 2학기 성적을 지켜주세요

제가 3학년을 맡았을 때, 아이들의 2학년 성적표를 아이들과 함께 보며 상담을 진행한 경험이 있습니다. 2학년 2학기는 많은 아이들의 성적이 하락하는 시기라는 것을 확인할 수 있었는데, 저는 이를 '사춘기의 절정기'가 반영된 결과로 보았습니다. 한편으로는 아이들이 중학교 생활에 어느 정도 적응했다는 의미이기도 합니다.

2학년 2학기는 아이들이 학교의 중심이 되는 때이지만, 동시에 무기력함을 크게 느끼는 시기이기도 합니다. 가끔 반에서 분위기 메이커 역할을 하는 아이들이 있어 웃음이 피어나기도 하지만, 대체로 가장 무기력하고 질문에도 잘 답하지 않는 시기라 공부에 대한 의욕도 떨어지는 경우가 많습니다.

중학교는 절대평가 체계이기 때문에 아이가 잘했으면 잘한 만큼 점수가 부여됩니다. 그렇기 때문에 아무리 게을러져도 반드시 아이가 수행평가를 꼼꼼하게 챙기고 지필평가 공부는 꾸준히 할 수 있도록, 아이의 성적이 많이 떨어지지 않게 관심을 갖고 응원해 주시는 것이 좋습니다.

심하게 사춘기를 겪는 아이들 중에는 2학년 2학기 성적을 망쳤다고 특목고에 가지 못하니 학교 성적은 필요 없다고 하는 경우도 있습니다. 물론 아이가 그저 속상해서 하는 말이니 지나치게 심각하게 받아들이지 않아도 괜찮습니다. 그러나 이런 일이 최소화될 수 있도록 2학년 2학기 성적에 대해 꼭 관심을 기울여 주세요.

(3) 다양한 활동 중에 아이만의 진로가 찾아지기도 해요

2학년, 특히 2학년 2학기 때에는 아이들이 자신이 진정으로 좋아하는 것이 무엇인지 찾아볼 수 있는 마지막 기회 중 하나라고도 할 수 있습니다. 이 시기에는 아이들의 열정을 막기보다는 한 번쯤은 믿고 응원해 주시는 것도 좋습니다.

예전에 저의 제자 중, 연극에 열정을 가진 아이가 있었습니다. 하지만 부모님들의 완강한 반대로 아이는 고등학교 연극부조차 들지 못했습니다. 그 일로 아이와 부모님의 사이가 멀어지는 것은 물론이고, 아이가 부모님을 불신하는 모습을 볼 수 있었습니다.

2학년 때에는 학교에 따라 음악 활동, 연극 활동, 여러 퍼포먼스 단체 활동 등을 진행하기도 합니다. 이 과정에서 조용한 아이가 갑자기 무대 설치나 연출 등에 소질을 보일 때가 있고, 극본을 탁월하게 잘 쓰는 아이가 나타나기도 합니다.

아이가 진심으로 하고 싶어 하는 활동이라면, 2학년 2학기와 겨울 방학을 이용해 가볍게 체험하거나 연습해볼 수 있도록 도와주는 것도 좋은 방법입니다. 아이의 가능성과 진심을 존중해 주는 것만으로도 진로 탐색에 큰 힘이 될 수 있습니다.

(4) 학교폭력 대처의 최선은 무엇보다도 예방이에요

저는 이 부분이 이 책의 전부라고 해도 과언이 아닐 만큼 중요한 부분이라고 생각합니다. 초등학교 때부터 학교폭력이 무엇이고, 왜 하면 안 되는지 우리 아이들은 충분히 듣고 배우며 자랐습니다. 그러나 아이들 간의 갈등은 언제나 존재하고 의도하지 않은 학교폭력도 생기는 것이 사실입니다.

실제로 학교폭력은 단 한 번의 우연한 사건보다는 반복되고 지속적인 관계 속에서 생기는 경우가 대부분입니다. 그렇기 때문에 평소에 조심하는 습관을 들이는 것이 가장 중요합니다.

아이들은 무엇보다 같은 실수를 두 번 이상 반복하지 않도록 하고, 물리적인 폭력이나 의도적인 괴롭힘, 성적 수치심을 유발할 수 있는 말과 행동은 절대로 하지 않아야 합니다. 특히 이성 간이 아니더라도 성적 수치심을 줄 수 있는 모든 행동은 하지 않도록 해야 합니다. 친구들 사이에서 장난처럼 하는 말이라도 듣는 사람이 불쾌하거나 수치심을 느낀다면 그것은 장난이 아니라 괴롭힘이 될 수 있습니다.

만약 우리 아이가 가해자라면, 부모님이 해야 할 일은 명확합니다. 아이가 좋은 어른으로 자라기 위해 지금 어떤 태도를 보여야 할지를 함께 고민하고, 관련된 사람들에게 진심으로 사과하며 문제 해결에 성실히 협조해야 합니다. 변명이나 회피보다는 책임 있는 자세로 아이가 다시는 같은 행동을 반복하지 않도록 돕는 것이 중요합니다.

또한 아이가 피해자라면 가장 먼저 아이의 감정과 입장을 충분히 이해해주고 지지해주는 것이 필요합니다. 아이가 경험한 학교생활 전체가 학교폭력의 기억으로 덮이지 않도록, 정서적으로 건강하게 회복할 수 있도록 부모님의 따뜻한 지지가 절실합니다.

학교폭력과 관련된 것은 사실 실제로 겪는 것도, 그것을 해결하는 것도 결코 쉽지 않습니다. 하지만 평소에 아이와 학교생활에 대해 자주 이야기를 나누고, 감정의 변화를 민감하게 살피며, 친구와의 갈등이나 감정싸움이 커지지 않도록 주의 깊게 지켜본다면 학교폭력 예방에 도움이 될 것입니다.

특히 가장 흔하지만 놓치기 쉬운 학교폭력의 시작은 말 전달이나 뒷담화 같은 사소한 행동에서 비롯되기도 하므로, 이런 부분도 가정에서 함께 이야기를 나누며 아이가 조심할 수 있도록 지도해 주세요. 그리고 어떤 상황에서도 내 아이의 말만 무조건적으로 믿거나 다른 사람의 말을 무시하는 일이 없도록 균형 있는 태도를 유지하는 것이 필요합니다.

2) 완벽한 Q&A

#사춘기_아이와의_갈등 #학습_우선순위_결정

Q: 사춘기 아이의 감정, 다 받아 줘야 할까요?

A: 절대 아닙니다. 물론 사춘기에는 아이들도 자신의 감정을 주체하지 못해 격하게 표현하는 경우가 많습니다.

저는 개인적으로 사춘기는 일반적으로 남학생, 여학생이 조금씩 다른 양상을 보인다고 봅니다. 그러나 모든 아이들이 감정적으로 조금 더 예민해진다는 공통점이 있습니다.

학교보다 더 많은 시간을 보내는 가정에서는 사춘기 아이를 대하며 여러 어려움을 겪을 수 있습니다. 그러나 그때마다 즉각적으로 강하게 맞대응하면 오히려 상황이 더 격해질 수 있습니다. 그렇다고 시간이 지난 뒤에 혼내기엔 이미 상황이 지나버려 어색해지고, 아이도 부모님도 머쓱해지기 쉽습니다.

이 시기의 아이들은 자신이 하나의 '인격체'로 존중받길 원합니다. 그러나 실상은 인격체로 존중받을 만한 행동을 하지 않는 경우도 있지요. 어느 동네에나 꼭 있는 유니콘 같은 아이가 한두 명쯤은 있지만, 그 아이들조차 나름의 사춘기를 겪기는 마찬가지입니다.

따라서 사춘기라고 해서 다 받아주는 것이 아니라, '짧고 명확하게, 규칙을 정해' 허용되는 것과 허용되지 않는 것을 분명히 알려주는 것이 중요합니다. 감정이 요동치더라도 가라앉히는 법을 알려주고, 아이가 예전과는 다르게 조금 게을러지더라도 믿고 응원해 주시며 아이가 최소한의 할 일을 마치게끔 도와주시면 학교에서만큼은 무리 없이 잘 지내는 경우가 많습니다.

Q: 학교폭력은 학교에서 해결할 수 있나요?

A: 아닙니다. 작고 사소한 일들은 담임 선생님이나 학년부에서 처리하고, 사안이 조금 큰 것들은 생활지도부와 같은 곳에서 처리하기도 합니다. 그러나 학교폭력이라고 정식으로 신고 접수가 되면 교육청에서 사건을 처리합니다. 그렇기 때문에 만약 이미 신고가 끝난 건이면 선생님께 사안에 대해서 계속 말씀드려도 처리해 주시기가 어렵습니다.

Q: 다른 집 아이들은 선행 학습을 많이 했는데, 우리 아이는 선행 학습을 거의 하지 못했어요. 선행 학습을 시켜야 할까요?

A: 선행 학습은 사실 학교에서 금지되었으나, 과목에 따라서는 개별적으

로 선행 학습이나 심화 학습이 필요한 아이도 있습니다. 저는 학기 중에는 학교 평가를 최우선으로 하는 것이 필요하다고 생각합니다. 아무리 선행 학습을 한다 해도 결국 학교 성적이 좋지 않으면 고민이 되기 때문입니다. 따라서 학교 지필평가 기간에는 시험 공부 위주로 하고, 그 기간 이외에 여력이 되면 심화 학습이나 기타 공부를 하는 것이 좋습니다.

Q: 수학이 먼저일지 독서가 먼저일지 모르겠어요

A: 둘 다 필요합니다. 어느 한쪽에만 치우쳐서는 안 됩니다. 책을 반드시 많이 읽을 필요는 없지만, 진로와 관련된 책을 읽으며 자신이 배운 것과 배우고 싶은 것을 연관 지어 생각하는 힘을 키우는 것이 중요합니다. 그렇기 때문에 독서 역시 꾸준히 필요합니다.

하지만 현실적으로 입시를 준비하는 과정에서 수학을 소홀히 할 수는 없습니다. 수학은 쉬어갈 수 없는 과목이기 때문에 수학 공부에 충분한 시간을 반드시 확보해야 합니다.

모든 공부는 꾸준함, 즉 성실함이 기본입니다. 모두가 1등을 할 수는 없지만, 자신이 원하는 목표를 이루기 위해서는 성실함이 필요합니다. 그리고 그 목표를 달성하기 위해서는 수학과 독서, 두 가지 모두가 중요합니다.

3) 친절한 꿀팁

#진로_대회_참여   #선호하는_문제집_브랜드

(1) 진로 관련 대회에 참여하면 관련 트렌드를 파악할 수 있어요

모든 외부 대회의 수상은 학교생활기록부에 작성이 되지는 않습니다. 그러나 2학년 2학기가 되면 아이들이 자신이 가장 좋아하고 흥미를 느끼는 과목이나 분야가 어느 정도는 생기게 됩니다. 그것이 학교에서 배우는 과목이 아닐지라도 말입니다.

그러므로 아이가 관련 대회나 시험 등을 참여하도록 도와주세요. '관련 분야 + 대회', '시험', '공모전' 등의 키워드로 검색하면 정보가 나옵니다.

간혹 대회나 시험 등이 없는 분야일 경우에는 아이가 관심 있어 하는 것을 다른 사람에게 알릴 수 있는 기회를 만들어 주는 것도 도움이 됩니다. 그리고 아이가 좋아하고 잘하는 분야가 어느 학과에서 필요로 하는 역량인지 검색을 통해 알아보는 것도 중요합니다.

(2) 좋아하는 문제집 브랜드를 모아 공부하는 것이 도움이 되어요

아이들은 아직 어립니다. 아직까지는 공부에 대해 별 생각이 없기도 하지만, 또 은근히 작은 포인트를 잡아주면 즐겁게 의미를 부여하며 공부하기도 합니다. 대부분의 아이들이 문제집 푸는 것을 크게 즐거워하지는 않겠지만, 아이가 비교적 잘 풀고 덜 지겨워했던 문제집 브랜드를 정해두고 마치 자신의 '문제집 브랜드'를 만들어가는 방식으로 접근하면 좋습니다.

물론 사춘기의 가장 한가운데에 있는 경우라면 통하지 않을 수 있습니다. 그러나 소소한 것에 의미부여하는 것을 좋아하는 아이, 또 약간 경쟁적인 아이라면 작은 즐거움을 줄 수 있는 활동이기도 합니다.

브랜드를 선정할 때에는 1) 아이가 가장 잘 풀었던 문제집, 2) 아이가 좋아하는 구성으로 된 문제집, 3) 친구들이 많이 푸는 문제집 등으로 선정하시면 좋습니다. 어른들도 좋아하는 브랜드가 있는 것처럼, 아이들에게도 좋아하는 문제집 브랜드를 만들어주는 것은 생각보다 효과가 있습니다.

(3) 학교에서 문해력·수리력 진단 검사를 보기도 해요

서울특별시교육청은 문해력 · 수리력 진단 검사를 시행하고 있습니다. 서울의 모든 학교가 보는 것은 아니고, 대상 학교로 선정되면 검사를 시행합니다. 초등학교 4학년, 6학년, 중학교 2학년, 고등학교 1학년 대상으로 서울 학생들의 기초 학력 보장과 미래 역량 함양을 위해 시행된다고 합니다.

따라서 평소에 문해력과 수리력을 높이기 위해 꾸준히 공부하면 좋겠습니다. 문해력과 수리력 모두에서 '분석력'이 핵심 역량으로 작용하기 때문에, 단순한 암기보다는 생각하는 힘을 키우는 공부가 필요합니다.

새로쌤의 2학년 2학기 체크리스트

함께 체크해요!	완료!
고등학교 진학 계획을 세우고 관련 내용에 대해 생각하고 있나요?	
2학년 2학기 평가를 꼼꼼하게 준비했나요?	
다양한 활동 중에 새롭게 알게 된 아이의 꿈이 있을 경우, 그 꿈에 대해 진지하게 생각해 보았나요?	
학교폭력을 예방하기 위해 최선을 다했나요?	
진로와 관련된 대회가 있다면, 아이가 참여할 수 있도록 도와주셨나요?	
선호하는 문제집 브랜드를 알고 이를 활용해 학습했나요?	

4장 | 2학년 겨울 방학
최적의 복습 시기를 효과적으로 활용해요

중학교 2학년 겨울 방학에는 정말 마지막으로 할 수 있는 것들이 많습니다. 마지막으로 특목고 준비해 보기, 마지막으로 부족한 중학교 교과 잡아주기, 마지막으로 사춘기 감정 정리하고 학습에 몰두하기, 마지막으로 진로 결정하기 등이 있습니다. 또한 사춘기로 인해 멀어진 가족 관계가 이 겨울 방학을 계기로 많이 회복이 되기도 합니다.

1) 꼼꼼한 준비

`#관심_학교_탐방` `#고입_준비` `#독서활동상황` `#아이와의_관계_회복`

(1) 인근 고등학교, 대학교를 가볍게 탐방하는 것만으로도 효과적이에요

방학을 맞은 아이들이 학업에 자극을 더 가까이에서 받을 수 있도록 인근 고등학교 중 가보고 싶은 학교나 대학교 등을 탐방하게 해주면 좋습니다.

고등학교가 가까이 있다면 거창한 탐방은 아니더라도 학교 한 바퀴를 같이 돌아보고, 학교를 졸업한 유명인 등에 대해서 알아보아도 좋습니다.

특목고 중에서는 관련 캠프나 견학 등을 진행하는 경우도 있습니다. 미리 일정을 알아보시는 것도 좋습니다.

대학교가 가까이 있다면 고등학교와는 다른 규모의 압도감이 있기 때문에, 방학 중에 아이가 평소 관심 있어 하던 대학교를 탐방하는 것도 좋습니다. 또한 매년 대학 견학 일정표를 보면 개인 관람이 가능한 시기가 있으니 겨울 방학이 아니더라도 적절한 시기에 대학교를 탐방해 보는 것도 좋습니다.

(2) 특목고, 자사고를 준비해 보아요

몇 학교를 제외하고는 아직 특목고 또는 자사고를 포기하기는 이릅니다. 그러나 특목고를 지원하기 위한 몇 가지의 조건이 필요합니다.

일단 학교생활기록부가 필수 항목이므로, 각 특목고에서 특별히 원하는 과목의 성적을 확인할 필요가 있습니다. 앞서 말한 것처럼 외국어고등학교는 영어, 국어, 사회 과목의 성적이 중요합니다. 만약 영어 과목의 성취도가 B 또는 C라면 현실적으로 지원하기가 어려운 부분이 있습니다. 또한 현재 성취도가 A라 하더라도 역시 3학년 성적도 반영된다는 점이 중요합니다.

만약 특목고를 준비하기로 했다면, 가장 중요한 것은 지금까지의 학교생활기록부를 점검해 보는 것입니다. 아직 2학년이 마무리 되지 않아 과목별 세부능력 및 특기사항은 살펴보기 어렵지만 1학년 때와 2학년 1학기 성적까지는 확인할 수 있기 때문에 이를 토대로 자기소개서에 들어갈 내용 등을 살펴보고 정리하는 활동이 반드시 필요합니다.

특히 지원하고자 하는 학교의 이전 학년도의 입학전형요강을 살펴보고, 기출문제 등을 살펴보면 아이에 따라 필요한 내용이 보일 것입니다. 내년에 시작할 가장 빠른 입시 일정은 영재학교일 가능성이 크고, 그 이후부터 12월까지 많은 특목고, 자사고 일정이 진행됩니다. 매년 일정은 변하지만 큰 흐름은 변하지 않기 때문에, 이전 학년도의 일정을 참고해 보는 것이 좋습니다.

(3) 독서기록장은 2학년 때에도 끝까지 제출해요

이 겨울 방학을 이용하여 아이들에게 가장 필요한 것은 '독서기록장 제출'입니다. 3학년 2학기 때, 특히 자사고를 지원하는 학생들이 가장 속상해하는 것이 2학년 때의 독서 기록이 없다는 점입니다. 따라서 아직 당해 학년도의 학교생활기록부가 마감되기 전이라면 담임 선생님 또는 각 교과 선생님들께 말씀드려 독서기록장을 한 장이라도 제출할 수 있으면 좋습니다. 2학년 2학기 방학 전에 학교생활기록부 기록을 마무리하는 학교가 많지만, 봄 방학이 있는 학교는 이때까지 독서기록장을 받는 학교들이 있습니다. 독서기록장 제출 여부를 꼭 확인해 주시고 내지 않았으면 꼭 제출할 수 있도록 해 주시기 바랍니다. 자사고 면접에서는 학교생활기록부 전반을 살펴보지만, 특히 '독서활동상황'은 아이의 성실성과 지적 수준을 보여줄 수 있는 중요한 항목입니다. 겨울 방학은 기간도 길고 준비할 수 있는 여유도 충분하니, 꼭 독서기록장을 작성해 제출할 수 있도록 해 주세요.

(4) 복습은 무엇보다도 중요해요

모든 과목에서 복습을 할 필요는 없지만, 만약 아이의 과목별 성취도가 A가 나오지 않았다면, 또는 지필평가에서 90점 이상 받지 않았다면 그 과목은 반드시 복습이 필요하다는 것입니다.

중학교 교과 내용을 제대로 정리하지 않으면 고등학교 과정에서 어려움을 겪을 수밖에 없습니다. 왜냐하면 고등학교 학습은 중학교에서 배운 개념을 바탕으로 하기 때문입니다. 예를 들어, 중1 국어 수업 때 배우는 '품사'를 정확하게 이해하지 못하면 중3 때 배우는 '문장 성분'을 이해하기 어렵습니다. 단어가 문장에서 어떻게 쓰이는지 그 구성을 파악해야 하는데, 단어가 어떤 품사인지 모르고 품사의 개념을 이해하기 어려우면 국어 수업이 어렵게만 느껴집니다. 그리고 고등학교에서는 더욱 어려움을 겪게 될 것입니다.

따라서 아이의 성적표를 확인해 보고 반드시 복습이 필요한 과목은 보충할 수 있도록 해야 합니다. 요즘은 모르는 개념이나 문제만 풀이해 주는 서비스도 있고, 인강도 워낙 잘 되어 있습니다.

또한 방학 동안 방과 후 프로그램을 여는 학교도 있으므로 이를 활용하는 것도 좋습니다. 방과 후 프로그램 수요 조사는 2학기 겨울 방학 전에 이루어지기 때문에 그때 신청하면 됩니다. 만약 방과 후 프로그램이 개설되지 않을 경우 개인적으로 문제집을 풀다 봄 방학 때, 또는 개학 후 모르는 부분만 선생님께 질문해도 됩니다.

하지만 가장 좋은 방법은 교과서 복습입니다. 교과서는 기본 중에 기본만 정리해 놓은 책이라고 보면 좋습니다. 따라서 교과서를 단권화하거나 요약본을 만들어 보는 것도 좋습니다.

교과서의 가장 뒤에는 교과서에 사용된 용어를 정리한 부분이 있습니다. 이 개념을 스스로 정리하면 부족한 개념을 정리할 수 있습니다. 이런 내용을 말씀드리면 부모님들께서는 언제 정리하게 할지, 다른 공부도 많은데 시간이 있을지 고민하시기도 합니다. 그러나 사실 교과서 개념 부분을 하나씩 찾아가며 밑줄 정리만 해도 복습의 50% 정도는 채워질 수 있다고 봅니다. 거창하게 복습할 필요 없이, 아이가 스스로 다시 한번 배운 것을 정리하고 모르는 내용을 찾아보도록 하면 됩니다.

수학과 과학은 얇은 문제집을 푸는 것도 도움이 됩니다.

(5) 아이와의 관계 회복을 통해 아이의 탈선을 예방해요

이때쯤이면 많은 아이들이 사춘기를 지났거나 사춘기를 벗어나고 있는 경우가 많습니다. 물론 사춘기가 아직 오지 않은 아이들도 있긴 하고, 사춘기가 한창인 아이들도 있지요. 하지만 이제 아이들이 슬슬 공부에 집중해야겠다는 생각과 함께 사춘기 감정을 정리해야겠다는 생각을 합니다.

이때 아이들과 부모님의 소원해진 사이를 회복할 수 있습니다. 대화의 양을 예전보다 조금씩 늘려주세요. 또 부모님께서는 무조건적인 지지와 응원을 보내면서도, 아이가 부족한 부분에 대해서는 반드시 '안 된다'고 분명히 말씀해 주셔야 합니다.

아이들은 아직 다 자라지 않았습니다. 아이가 스스로 할 수 있다고 생각하더라도, 부모님은 반드시 절대 허용할 수 없는 부분에 대해서는 통제하실 수 있어야 합니다. 밤늦게 친구를 만나거나, 부모님께 알리지 않고 동네가 아닌 곳을 돌아다니거나, 부모님 몰래 과도하게 혼자서 인터넷을 이용해 소통하는 행동 등 여러 위험한 행동들은 반드시 제어해야 합니다.

아이가 이런 행동 때문에 학습에 소홀해지는 것이 문제가 아닙니다. 그 행동에서 파생되는 더 위험한 문제가 발생할 수 있기 때문에 주의가 필요합니다. 평소 동네에서 걱정스럽게 보던 아이들이 우리 아이가 될 수 있습니다. 위험한 일이 발생한 후에 수습하기보다는, 사전에 예방하는 것이 훨씬 중요합니다.

예방을 위해서는 부모님과 아이의 사이를 조금 더 가깝게 만드는 것이 도움이 많이 됩니다. 사춘기로 조금 멀어진 사이지만 겨울 방학 동안 부모님의 진심을 전달해 주세요. 2학년 겨울 방학이 되면 아이들이 조금은 철이 든 상태가 되어 부모님의 마음을 이해하며 조금씩 사이가 좋아지기도 합니다.

2) 완벽한 Q&A

`#교과_아닌_진로` `#서술형_감점`

Q: 아이가 교과 과목이 아닌 것에 흥미가 있어서 그것만 하고 싶어 해요

A: 생각보다 많은 아이들이 교과 과목이 아닌 다른 것에 흥미를 느끼는 경우가 많습니다. 하루 종일 이모티콘만 그리는 아이, 하루 종일 축구 경기만 분석하는 아이, 하루 종일 게임만 하는 아이들도 있습니다. 부모님들 생각으로는 사실 입시나 진로와 관련이 없어 보이고 실제로도 그럴 수 있습니다. 그렇지만 이것을 전혀 못 하게 막는 것보다는 정말 흥미와 재능이 있다면 관련 진로를 알아보고 연계할 수 있도록 해 주세요. 결국 진로와 연계되지 않을 수도 있지만 이를 통해 아이가 성장할 수 있는 기회가 될 수 있습니다.

Q: 아이가 객관식 시험은 잘 보는 반면 성격적으로 꼼꼼하지 않아서 서술형 같은 주관식 시험은 잘 못 봐요. 방법은 없을까요?

A: 학생들 중에서는 서술형 문제를 풀 때 답안을 대충 적고 다시 확인하지 않는 학생들이 있습니다. 이것은 두 가지 이유가 있는데, 아직 어려서 경험이 없기도 하고 때문이기도 하고 정말 성격적인 이유이기도 합니다.

한 번만 더 보고 조금만 신경을 쓰면 그래도 조금 더 나은 점수를 받을 수 있는데 아이는 신경을 쓰지 않는 편이지요. 부모님 마음만 애가 탑니다.

솔직하게 말씀드리면, 앞으로도 서술형 평가에서는 꼼꼼한 성격의 아이보다는 조금 더 낮은 점수를 받을 수도 있습니다. 그렇지만 방법이 아예 없지는 않습니다. 무조건 두 번 체크하기, 문제에 밑줄 긋기와 같은 간단한 행동을 통해 아이가 조금씩 더 높은 점수를 받을 수 있도록 해 주세요. 그리고 스스로 점수가 올라가는 것을 느끼며 모든 시험을 꼼꼼하게 봐야겠다고 생각하도록 해 주시면 좋습니다.

시중 문제집 중에서도 조금 지루하지만 서술형처럼 답안을 쓰게 하는 문제집이 있습니다. 아이에게 이런 문제집을 풀리셔도 좋고, 아이가 거부감이 심하다면 문제집을 살펴보신 후 서술형 부분만 조금 꼼꼼하게 함께 보아 주셔도 도움이 될 것입니다.

3) 친절한 꿀팁

`#학습_점검자료_활용` `#사교육_테스트_활용` `#고전문학_읽기`

(1) 인강 사이트의 학습 상태 점검 자료들도 활용하기 좋아요

EBS를 비롯하여 여러 인강 사이트에 들어가면 아이의 학습 상태를 점검할 수 있는 다양한 자료들이 올라와 있습니다. 이를 활용하여 아이의 부족한 부분과 더 필요한 부분을 파악해 볼 수 있습니다.

만약 인강 사이트에서 혼자 자료를 활용하는 것이 어렵다면 동네 학원에서 입학 테스트 등을 통해 아이의 실력을 점검해 보는 것도 좋습니다.

(2) 사교육 테스트는 아이 성적 점검을 위해 활용해 보세요

저는 공립학교 교사이지만, 사교육을 적절히 활용하는 것도 필요하다고 봅니다. 중학교에서는 아이들 성적을 성취도나 원점수 정도만 알 수 있습니다. 그러나 사교육 테스트를 보면 우리 아이의 부족한 부분이 어느 부분이고, 이 시험을 본 아이들 중에 우리 아이가 어느 정도 위치에 있는지 알 수 있는 부분이 있습니다. 그렇기 때문에 가까운 학원에서 아이의 실력을 점검해 보고 이를 활용해 아이의 강점과 약점을 파악해 보는 것도 좋습니다.

(3) 고전문학은 지금이 적기입니다

상대적으로 현대문학에 비해서 수능에서 비중은 조금 낮지만, 그렇다고 무시할 수는 없는 고전문학을 방학을 활용해 정리하고 읽어 두는 것이 좋습니다. 만약 읽을 시간이 없다면, EBS 중학 또는 고등에서 '고전 문학' 등으로 검색하면 5분짜리 만화 영상도 찾을 수 있습니다. 이와 같은 영상의 도움을 받아서라도 고전문학을 조금 정리해 두면 좋습니다.

고등학교에 가면 시간이 정말 많이 부족하기 때문에 상대적으로 여유가 있는 중학교 2학년 겨울 방학을 잘 활용하는 것이 좋습니다. 아이의 성향에 따라 매일 1-2개씩 읽어나가는 것도 좋고, 명절 등 시간이 비교적 넉넉할 때 주요 작품을 전체적으로 정리하는 방법도 좋습니다.

새로쌤의 2학년 겨울 방학 체크리스트

함께 체크해요!	완료!
인근 고등학교나 대학교를 탐방할 기회를 마련했나요?	
특목고, 자사고 등을 준비하는 경우, 진로 및 적성을 고려하여 여러 조건들을 탐색해 보았나요?	
독서기록장 제출을 완료했나요?	
복습할 시간을 확보하고 복습을 진행했나요?	
아이와의 관계 회복을 통해 아이의 탈선을 예방하려는 노력을 했나요?	
인강 사이트의 학습 상태 점검 자료를 활용해 아이의 학습 상태를 점검했나요?	
아이 성적 점검을 위해 사교육 테스트를 활용해 보았나요?	
고전문학을 읽게 했나요?	

중학교 2학년을 위한 새로쌤의 완벽한 핵심 단어 **학교생활기록부**

중학교 2학년은 아이가 이제 어느 정도 학교생활에 익숙해진 때입니다. 더불어 지필평가를 포함한 각종 학교 평가가 본격적으로 시작되며, 고등학교 입시에서도 성적이 반영되는 때입니다. 학교생활기록부의 과목별 세부능력 및 특기사항, 성적 등 중요하게 생각해야 할 요소들이 많아집니다.

그러나 사춘기가 본격적으로 시작되면서, 여러 갈등도 생기고 학업에도 소홀해지기 쉬운 때입니다. 따라서 아이가 감정적으로 고군분투하며 성장하는 가운데서도, 성적을 잘 지켜낼 수 있도록 응원해 주세요.

또한 아이의 진로에도 관심을 가지고 살펴보며 고입과 연관 지을 수 있도록 여러 가지 경험을 진행해 주세요.

무엇보다도 가족 간의 갈등이 심화되지 않도록 아이의 눈높이에서 관심을 가지고 지켜봐 주세요.

중학교 3학년

: 중학교 마지막, 내실 있는 준비

1장 | 3학년 1학기
고등학교 준비를 위한 점검이 필요해요

중학교 3학년 1학기는 아이들의 진로가 결정되기 시작하는 중요한 시기입니다. 그동안 공부에 흥미가 없던 아이들이 공부에 흥미를 가지기 가장 쉬운 시기이기도 합니다. 친구들과 추억을 쌓을 수 있는 시기이기도 하며, 학교에 따라서는 졸업 앨범을 찍기 시작하는 등 중학교 생활의 마지막을 즐기고 추억을 만들 수 있는 기회가 많은 때이기도 합니다. 그렇지만 고등학교 입시가 본격적으로 시작되기 직전인 만큼, 학교 성적을 꾸준히 신경써야 합니다.

1) 꼼꼼한 준비

#학교생활기록부_점검 #입시_일정_확인 #진로_관련_활동

(1) 학교생활기록부를 스스로 먼저 점검해야 해요

나이스 대국민서비스를 활용하면 아이의 학교생활기록부를 2학년까지 조회하실 수 있습니다. 이를 토대로 우리 아이가 필요한 것은 무엇인지 파악해 볼 수 있으며, 행동특성 및 종합의견 영역 등도 확인해 볼 수 있습니다. 특목고나 자사고에 가지 않더라도 아이가 더욱 성장할 수 있도록 아이의 학교생활기록부는 분석해 보는 것이 좋습니다. 간혹 사교육 기관 등에서 아이의 학교생활기록부를 바탕으로 고등학교 지원에 대해서 컨설팅을 하는 경우도 있습니다. 필요하다면 도움을 받는 것도 나쁘지 않습니다. 그러나 아이가 특별하게 고등학교 입시를 준비하는 것이 아니라면 부모님께서 학교생활기록부를 살펴보시는 것만으로도 충분합니다.

학교생활기록부에서 챙겨보셔야 하는 내용은 여섯 가지입니다.

- 출결상황
- 독서활동상황
- 교과학습발달상황
- 과목별 세부능력 및 특기사항
- 행동특성 및 종합의견
- 진로희망분야

2학년 때까지의 학교생활기록부는 작성이 완료된 부분이기에 바꿀 수 있는 것들은 아닙니다. 그러나 이를 통해 3학년 때 어떤 부분에 중점을 두는 것이 필요한지 확인할 수 있습니다.

(2) 입시 일정은 이제부터 놓치지 않고 꼼꼼하게 확인해요

학생들은 이제 고등학교 입학를 앞두고 있습니다. 따라서 학교에서는 고등학교 입학 일정과 관련해 가정통신문, 공지사항 등으로 꾸준히 안내가 될 예정입니다. 부모님들께서는 적어도 1주일에 한 번 이상 학교 홈페이지를 참조해 주시고 교육청 카카오톡 친구 추가 등을 통해 고등학교 입학 일정을 놓치지 않으셔야 합니다.

보통 3월 말, 4월 초가 되면 학교에서 가정통신문으로 고등학교 입학전형 기본계획 등에 대한 안내를 해 주실 것입니다. 이 계획은 일 년 동안 크게 변함이 없기 때문에 읽어두시고 필요한 내용은 따로 적어두시면 좋습니다.

또한 항상 입학전형은 입학하는 해, 즉 올해가 A년이면 A+1학년도로 표기된다는 점을 참고해 주시기 바랍니다.

다음은 서울특별시교육청의 2026학년도 학교 유형별 전·후기 구분 현황입니다.

학교 유형별 전·후기 구분 현황

구분			학교수	학교명
전기 (83교)	학교장 선발고	영재학교	1	서울과학고등학교
		특수목적고 과학계열	2	세종과학고등학교, 한성과학고등학교
		특수목적고 예술계열	6	국립국악고등학교, 국립전통예술고등학교, 덕원예술고등학교, 서울공연예술고등학교, 서울예술고등학교, 선화예술고등학교
		특수목적고 체육계열	1	서울체육고등학교
		산업수요맞춤형고 (마이스터고)	5	미림마이스터고등학교, 서울도시과학기술고등학교, 서울로봇고등학교, 서울반도체고등학교, 수도전기공업고등학교
		특성화고	67	경기기계공업고등학교 등 67교
		일반고 중 예·체능계고	1	서울미술고등학교
		일반고에 설치한 학과 중 교육감이 정하는 학과 (관악예술과)	(1)	염광고등학교

후기 (235교)	교육감 선발고	일반고	210	가락고등학교 등 210교
		과학중점학급	(22)	강일고등학교 등 22교
	학교장 선발고	특수 목적고 / 외국어·국제계열	6	대원외국어고등학교, 대일외국어고등학교, 명덕외국어고등학교, 서울외국어고등학교, 이화여자외국어고등학교, 한영외국어고등학교
			1	서울국제고등학교
		자율형 사립고	16	경희고등학교 등 16교
		예술·체육중점학급	(4)	대원여자고등학교, 영신여자고등학교, 송곡여자고등학교, 송곡고등학교
		일반고	2	한광고등학교, 한국삼육고등학교

* 관악예술과 및 예술·체육·과학중점학급 운영학교 수는 후기고 학교 수에 포함

[출처: 서울특별시교육청 2026학년도 서울특별시 고등학교 입학전형 기본계획]

이와 같은 일정과 기본계획을 꼼꼼하게 확인하시고, 그동안 아이와 함께 나누었던 진로 고민을 토대로 지원하고 싶은 고등학교를 몇 군데라도 정하는 것이 좋습니다. 고교입시 정보를 한눈에 볼 수 있는 사이트는 고입정보포털 홈페이지(https://www.hischool.go.kr)가 있습니다. 고등학교 유형별 교육과정 정보, 각 시도교육청 고입전형 관련 자료가 있으니 참고하면 좋습니다.

고입정보포털 홈페이지 바로가기

(3) 교과 선생님, 진로 선생님과 상담하는 것이 좋아요

저는 진로를 결정할 때 교과 선생님 및 진로 선생님과 아이가 짧게라도 직접 상담하는 것을 추천드립니다. 부모님이 아닌, 아이 스스로 선생님과 상담하는 것입니다. 아이가 선생님과 나누는 대화를 통해 선생님과 신뢰

관계를 형성할 수 있습니다. 이를 토대로 아이의 진로에 도움이 되는 정보들을 선생님으로부터 직접 얻을 수도 있습니다.

특히 진로에 대한 고민이 많거나 추천서 등에 대해 부탁드릴 일이 있다면, 3학년 시작하자마자 상담을 신청하고 미리 말씀을 드리는 편이 좋습니다.

예를 들어 영재학교는 선생님의 도움을 받아 추천서 등을 작성해야 합니다. 따라서 미리 선생님께 말씀드리는 편이 아이와 선생님 모두에게 좋습니다.

특목고 진학을 염두에 두고 있는 경우뿐만 아니라 아이의 고등학교 진학에 대한 정보가 필요한 경우에도 학교의 진로 선생님께 적극적으로 상담을 요청해 주세요. 부모님께서 진로 선생님을 먼저 찾아가시기보다는, 먼저 아이가 진로 선생님과 상담하고, 아이가 필요한 내용을 직접 듣는 편이 더 효과적입니다. 그런 후에도 추가로 상담이 필요하다면 그때 부모님께서 진로 선생님께 상담을 요청하시면 됩니다.

(4) 각종 공모전, 대회 지원을 계획적으로 활용해요

아이가 진로와 관련된 공모전이나 대회 등에 계획적으로 참여하는 경험을 쌓는 것이 좋습니다. 특히 아이가 지원하고자 하는 학교에서 주최하는 공모전이나 대회가 있다면 꼭 지원할 수 있도록 일정을 체크해 주세요. 입상을 하지 못하더라도 그 학교의 분위기, 다른 친구들과 선의의 경쟁 등을 통해 자신의 꿈에 대해 진지하게 생각해 볼 수 있는 기회가 됩니다.

특히 예체능 계열에 도전하는 학생들이나 특성화고, 마이스터고등학교 등에 진학할 학생들은 학교에서 개최하는 각종 이벤트에 꼭 참석하시는 것이 좋습니다. 여기서 좋은 성적을 얻거나 기억에 남을 만한 활동을 한다면 추후 입시 때 자신감을 얻을 수 있는 중요한 경험이 됩니다.

(5) 출결, 수행평가를 꼼꼼하게 끝까지 챙겨주세요

아이들이 중학교 3학년이 되면 심화 학습은 알아서 학습하는 모습을 많이 보입니다. 그러나 출결과 수행평가는 특목고를 지원하지 않는 아이들은 크게 상관이 없다며 대강 하는 경우도 발생합니다. 그러나 이와 같이 생각한다면 위험합니다.

아이들의 출결과 수행평가는 일반고등학교라도 당연히 반영이 됩니다. 또한 무엇보다 지금부터 성실하게 공부하고 수업에 열심히 참여하는 태도를 기르지 않는다면, 고등학교에 가서 갑자기 성실해지고, 공부를 잘하게 되는 일은 쉽지 않습니다.

부모님께서도 아이가 중학교 3학년쯤 되니 스스로 할 것이라고 생각하시지 말고 끝까지 챙겨주셔야 합니다. 100명에 1명 정도 있는 알아서 뭐든 잘하는 아이가 우리 아이면 좋겠다고 생각하실 수도 있습니다. 우리 아이는 그런 아이는 아닐 수는 있습니다. 그러나 조금만 챙겨주면 잘할 아이인 것은 분명합니다. 아이가 아침에 늦잠을 자려 하면 한 번만 더 깨워주시고, 아이가 공부할 때 조금 힘들어하면 조금 더 응원해 주세요. 이런 성실함이 습관이 된다면, 고등학교에서는 부모님이 아이를 챙기실 일이 훨씬 줄어들 것입니다.

(6) 영재학교는 1학기에 지원이 시작돼요

영재학교는 2025년 현재 전국에서 총 8개교가 운영 중입니다.

영재학교는 수·과학에 흥미와 재능이 있는 친구들이 지원하는 경우가 많습니다. 영재학교는 총 두 종류로 나누어 볼 수 있습니다.

먼저 과학영재학교는 총 6개입니다.

서울과학고등학교(서울), 경기과학고등학교(경기), 대전과학고등학교(대전), 대구과학고등학교(대구), 광주과학고등학교(광주), 한국과학기술원 부설 한국과학영재학교(부산)

이어서 과학예술영재학교는 총 2개입니다.

세종과학예술영재학교(세종), 인천과학예술영재학교(인천)

경쟁률 역시 매년 조금씩 달라지지만, 2025학년도 입시 즉, 작년 기준으로 경쟁률은 가장 높았던 곳은 '세종과학예술영재학교'로 7.52:1, 가장 낮았던 곳은 대전과학고로 '4.09:1'였습니다. 높은 경쟁률을 보이고 있는 것은 사실이나, 아이가 수·과학에 뛰어난 편이며 친구들과 지적 토론을 즐겨한다면 지원해 보는 것도 좋은 경험이 될 수 있습니다. 이 학교를 졸업하면 국내 최상위 이공계 및 해외 대학으로 진학하는 특징을 가지고 있습니다. 또한 최근 영재학교의 의대 진학 제한이 점차 강화되고 있는 곳도 있습니다. 따라서 의대 진학을 희망하는 학생은 영재학교 지원 여부를 신중하게 생각해야 합니다.

(7) 학생선수, 체육특기자는 1학기 때부터 테스트 일정을 챙겨요

중학교 3학년 1학기부터는 고등학교 운동부에서 유망한 중학생 선수들을 테스트를 통해 선발하는 일이 많습니다. 이 과정에는 보통 별도의 테스트 일정이 있습니다. 따라서 체육특기자로 고등학교 진학을 희망하는 경우라면, 1학기가 시작되자마자 체육특기자 관련 업무를 담당하는 선생님께 먼저 말씀드리고, 테스트 일정과 준비해야 할 서류 등을 미리 확인해 두는 것이 좋습니다.

2) 완벽한 Q&A

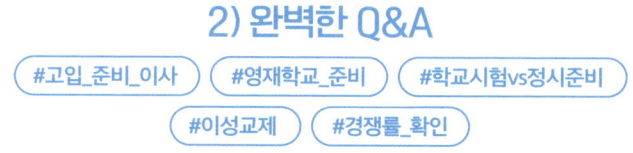

#고입_준비_이사 #영재학교_준비 #학교시험vs정시준비
#이성교제 #경쟁률_확인

Q: 아이가 가고 싶어 하는 일반고등학교가 있어요. 이사를 가야 할까요?

A: 서울특별시교육청을 기준으로 말씀드리면, 고등학교 배정 시 단순히 해당 학교의 근거리 거주 여부만으로 자동 배정되는 것은 아닙니다. 다른 지역도 유사한 방식으로 운영됩니다. 따라서 해당 학교에 가기 위해 무조건 이사를 해야 하는 것은 아니며, 이사만으로 원하는 학교에 진학이 보장되지는 않습니다.

다만, 그 학교뿐 아니라 인근 학교들도 아이와 부모님 모두 만족할 수 있는 수준이고, 생활 여건도 무리가 없다면, 이사를 고려해 보는 것도 하나의 방법이 될 수 있습니다. 하지만 중요한 결정인 만큼 이사 전에는 해당 교육청이나 학교의 배정 기준을 반드시 확인해 주시기를 권장합니다.

Q: 영재학교 준비를 위해 학원을 반드시 다녀야 할까요?

A: 모든 입시에 '반드시'라는 것은 없습니다. 따라서 수학 선행을 해야 한다, KMO(한국수학올림피아드)에서 어느 상까지 받아야 한다는 등의 정보를 무조건 신뢰하는 것은 바람직하지 않습니다. 저는 학원에서 필요한 부분은 도움을 받을 수 있다고 생각하지만 모든 것을 학원이나 사교육에 의존해서 하는 것은 바람직하지 않다고 봅니다. 따라서 필요하다면 학원의 도움을 받지만, 교내외 다양한 대회 참가가 우선이 되어야 한다고 봅니다. 즉, 과학전람회나 융합탐구대회 등을 중학교 때부터 꾸준히 참가하면 도움이 되겠지요. 또한 교과 세특, 특히 수·과학 과목에서 탐구력과 열정이 드러나는 기록을 남기는 것이 중요합니다. 학교생활기록부의 교과 세특은 영재학교 입시에서 평가의 핵심이 됩니다.

학습적으로는 기본기를 충실히 다진 후, 지원하려는 학교의 기출문제를 분석하며 자기주도적으로 학습을 심화하는 방식이 효과적입니다. 필요하다면 일부 사교육의 도움을 받는 것도 괜찮지만, 핵심은 아이의 흥미와 주도성에 기반한 학습입니다.

Q: 아이가 학교에서 졸업사진을 찍기 싫어해요. 안 찍어도 될까요?

A: 요즘은 여러 가지 이유로 졸업사진을 안 찍는 경우도 있지요. 하지만 중학교 3학년 때, 학교생활기록부의 인적사항에 들어가는 증명사진은 꼭 바꾸도록 되어 있습니다. 이는 중학교 3학년 시점에서 학생이 많이 성장했기 때문에 고등학교 입학 원서 작성 및 전산 입력을 위해 규정상 필요한 절차입니다.

보통 졸업앨범을 하는 학교에서는 아이들에게 일괄로 이 사진을 찍을 수 있게 하고, 학교에서 일괄로 학교생활기록부의 학생 사진을 교체하는 경우가 많습니다. 졸업앨범 구매 자체는 선택 사항일 수 있어도, 증명사진은 반드시 필요하므로 촬영하는 것이 편리합니다.

Q: 대학 입시를 정시로 준비하려고 하는데 학교 시험이 꼭 중요할까요?

A: 현실적으로 대학교 입학을 위해 학생부 종합전형만을 목표로 삼기에는 어려움이 있어 정시 준비를 염두에 두는 경우도 많습니다. 그러나 앞서 말씀드린 것처럼, 학교 내 평가를 성실히 하지 않는 아이가 정시 준비를 꾸준히 해낼 것이라는 보장은 없습니다. 고등학교에 진학하면 정시만 준비하기로 결정하는 학생들도 있습니다. 그러나 지금은 2-3주 정도 지필고사를 준비하는 경험만큼 시험 공부 역량을 키우는 데 효과적인 것도 드뭅니다.

Q: 아이의 이성 교제를 말려야 할까요?

A: 중학교 3학년이 되면 이성 교제를 어른처럼 하는 아이들이 간혹 있긴 합니다. 저는 이 부분이 가장 판단하기 어려운 문제 중 하나라고 생각합니다. 아무리 말린다고 해도 이성 교제를 하는 아이들은 있고, 사실상 위험한 일도 생길 수 있습니다.

저는 부모님의 가치관에 따라 아이와 대화하여 결정하는 것이 가장 바람직하다고 생각합니다. 그러나 반드시 아이에게 말씀해 주실 것은, 이성 교제에 따른 책임은 미성년자인 아이가 질 수 없으며 결국 그 책임은 부모가 질 수밖에 없으니, 어른의 흉내를 낸 연애는 하지 않는 것이 좋다고 반드시 말씀해 주세요. 즐겁고 좋은 사이는 친구 사이에서도 충분히 가능하다고 말씀해 주시는 편이 좋다고 생각합니다. 건강한 이성 교제 역시 가능하겠지만, 그렇지 않은 경우도 많습니다.

Q: 고등학교 입시 경쟁률은 어디서 확인하나요?
A: 서울의 경우 일반고 경쟁률은 일반적으로 알 수 없습니다. 그러나 특목고, 자사고 등은 각 학교 홈페이지에서 확인이 가능합니다. 조금 더 편하게 찾아보기 위해서는 각 학교 홈페이지에 게재된 경쟁률을 모아 놓은 것을 포털 사이트에서 검색을 통해 알 수 있습니다. 하지만 가장 정확한 것은 각 학교 홈페이지를 확인하는 것입니다.

3) 친절한 꿀팁
#심화독서_시작 #2학기_예습

(1) 진로 관련 심화 독서는 늦어도 이제는 시작해야 해요

진로와 관련된 심화 독서를 늦어도 지금부터는 시작할 수 있게 해 주세요. 아이가 경제학자가 되고 싶어 하는데 경제와 관련된 책을 하나도 읽지 않았다는 것은 어색한 일입니다. 따라서 진로와 관련된 유명 도서를 한두 권쯤은 읽고, 독서활동상황에 입력할 수 있도록 해 주세요. 그리고 책의 내용 요약하기, 중요한 내용, 느낀 점 등을 정리할 수 있도록 하면 추후에 자기소개서, 면접 등에서 활용할 수 있을 것입니다.

(2) 2학기 수업 내용을 미리 살펴보면 많은 도움이 돼요

2학기가 되면 각종 입시 준비로 인해 학교 공부를 할 틈이 없기도 합니다. 또한 입시 일정이 생각보다 촉박하기 때문에 2학기에 지필평가를 두 번 보는 학교의 경우, 중간고사가 끝나고 몇 주 지나지 않아 곧바로 기말고사를 치르기도 합니다. 따라서 미리 2학기 수업 내용을 살펴보면 심리적으로 도움이 될 수 있습니다. 아직 2학기 시험 범위가 나오지 않은 상태에서 너무 많은 것을 보기보다는 1학기 지필평가, 특히 기말고사가 끝나고 난 다음에 2학기 내용을 훑어본다면 2학기 때 마음의 안정을 찾을 수 있습니다.

새로쌤의 3학년 1학기 체크리스트

함께 체크해요!	완료!
학교생활기록부를 스스로 꼼꼼하게 점검했나요?	
고등학교 입시 일정을 꼼꼼하게 확인했나요?	
각종 공모전, 대회 지원을 통해 진로를 계획적으로 준비했나요?	
출결과 수행평가를 성실하게 챙기고 있나요?	
영재학교에 지원하고자 할 경우, 일정 등을 꼼꼼하게 확인하고 지원을 준비하고 있나요?	
체육특기자로 입학을 원할 경우 관련 일정을 확인하고 있나요?	
진로 관련 심화 독서를 하고 있나요?	
2학기 수업 내용을 미리 살펴보고 예습에 활용했나요?	

2장 | 3학년 여름 방학
고등학교 입시 준비를 시작해요

 중학교 3학년 여름 방학은 실제적으로 고등학생으로서 필요한 자세를 만들어 가야 하는 때입니다. 저는 이때만큼은 모든 학생이 심화 학습을 시작해야 한다고 생각합니다. 물론 2학기 때 학교 시험이 끝나고부터 해도 늦지 않지만, 짧게 정리가 필요한 것들은 지금 하면 더 효과적인 부분이 있습니다. 또한 진로에 따라 어떤 고등학교에 갈 것인지 시간을 가지고 정하기 좋은 시기이기도 합니다.

1) 꼼꼼한 준비

#수능_시간표_따라_하기   #복습하기
#진로_및_고입_확정   #고등학교_종류_살펴보기

(1) 수능 시간표만큼 자리에 앉아 있는 연습을 시작해요

 다음은 2028학년도, 즉 2025년에 고등학교 1학년 학생들을 대상으로 하는 수능 개편안의 시간표입니다.

교시	현행(~2027수능)	개편안(2028수능~)	비고
1교시 국어 영역	45문항 80분	현행 유지	
2교시 수학 영역	30문항 100분	현행 유지	단답형 9문항 포함
3교시 영어 영역	45문항 70분	현행 유지	듣기 17문항 포함
4교시 한국사/탐구 영역	(한국사) 20문항 30분 (탐구) 과목당 20문항 30분 ※ 최대 2과목 선택 가능	현행 유지	필수 응시과목(한국사)
		(탐구) 과목당 25문항 40분 ※ 사회·과학 응시자는 반드시 사회·과학에 모두 응시	
5교시 제2외국어·한문 영역	30문항 40분	20문항 30분	

[출처 : 교육부, 2028학년도 대학수학능력시험 시험 및 점수 체제 안내 보도자료]

 이를 토대로 알 수 있는 것은 준비시간까지 포함하면 과목당 대략 최장 120분 이상 집중해야 하는 시험이 바로 수능이라는 것입니다.

 특별한 경우를 제외하고는 이 수능은 중학교 3학년 기준으로 3년 후면 시행되며, 당장 고등학교 1학년 때 3월 모의고사에서도 비슷한 시간이 듭니다. 따라서 저는 3학년 여름 방학 때, 적어도 1-2번은 모의고사만큼 시간을 할애해 모의고사 또는 관련 과목 문제를 풀어보도록 하는 것이 필요하다고 봅니다. 이렇게 엉덩이 힘을 기르고 나면 아이가 공부에 힘이 생기고 자신감이 생깁니다. 저는 이렇게 아이들을 지도해 본 적이 있습니다. 아이들에게는 힘들지만 뿌듯한 경험이 됩니다.

 주말 등을 이용해 아침 7시에 일어나서 오후 5시 정도까지 모의고사를 풀어보며 자신의 의지와 역량을 기르게 하는 것은 여름 방학에 할 수 있는 최고의 경험 중 하나가 될 것입니다.

(2) 보충 및 정리 학습은 짧게라도 해야 해요

여름 방학은 사실상 그렇게 길지는 않습니다. 따라서 아이가 부족한 부분을 심화 학습하거나 정리하는 학습을 하는 것을 추천합니다. 저는 이 시기에 국어와 영어는 문법을 정리하는 것이 좋다고 생각합니다. 다른 공부도 계속 해야 하지만 국어와 영어 문법을 정리해 두면 좋습니다. 문법을 좋아하는 학생들이 사실 많진 않지만, 국어는 '언어와 매체'로 선택 과목이던 '언어', 즉 '문법'이 이제 공통 과목으로 수능에서 모든 수험생이 치르기 때문에 반드시 정리해 두면 좋습니다. 다른 과목들도 보충해야 할 것이 있을 것입니다. 모든 부분을 할 수 없으니 부분별 정리를 하고 전체 정리는 2학기 지필고사가 모두 끝나고 나서부터 진행하면 좋습니다.

(3) 진로, 특히 고등학교를 위한 진로는 일단 최종적으로 정해요

당장 2학기가 되면 서울특별시교육청은 이미 진행된 몇몇의 고등학교를 제외하고 모든 고등학교 입학 전형을 진행합니다. 따라서 이번 여름 방학 때, 어느 종류의 고등학교에 진학할 것인지 정해야 합니다.

저는 서울특별시교육청을 예시로 들어 고등학교를 정리하고자 합니다. 다른 지역 역시 교육청에서 '고등학교 입학전형' 등을 검색어로 사용하면 관련 공문이 나옵니다. 부모님께서는 이 내용을 여름 방학 때 훑어보시면 아이의 고등학교 입학전형에 대한 많은 궁금증이 해소될 것입니다.

서울특별시교육청은 전기고등학교와 후기고등학교로 일정을 나누어 진행합니다. 전기고등학교는 일정이 후기고등학교에 비해서 빠르게 진행되기 때문에 일정을 반드시 빠르게 확인해야 합니다. 이 모든 안내는 이미 1학기부터 각 시도교육청 자료실 등에서 보실 수 있습니다. 학교에 따라서는 학교 홈페이지에 게시해 놓는 경우도 많습니다.

영재학교 입학전형은 이미 1학기에 시작이 되었고, 다른 학교는 여름 방학이 끝난 직후부터 보통 시작이 됩니다.

전기고등학교 중 특목고의 성격을 띤 학교들에 입학하기 위해서는 이미 이 책에서 계속 고민하게 했던 것처럼 미리 진로를 결정해 준비해 놓는 아이들이 많습니다. 그러나 아이가 관련 성적이 좋은 편이고 아이 스스로 진로에 결정을 내리고 도전 의지가 있다면 관련 특수목적고등학교에 지원하는 것도 좋다고 생각합니다.

또한 각 목록에 있는 학교들은 고정된 것은 아닙니다. 매년 학교 목록이 조금씩 변동되므로 반드시 최신의 정보로 재확인이 필요합니다.

① 과학고등학교

각 시도교육청별로 과학고등학교가 있습니다. 현재 지정된 학교의 목록은 다음과 같습니다.

> 강원과학고등학교(강원), 경기북과학고등학교(경기), 경남과학고등학교(경남), 경북과학고등학교(경북), 경산과학고등학교(경북), 대구일과학고등학교(대구), 대전동신과학고등학교(대전), 부산과학고등학교(부산), 부산일과학고등학교(부산), 세종과학고등학교(서울), 울산과학고등학교(울산), 인천과학고등학교(인천), 인천진산과학고등학교(인천), 전남과학고등

학교(전남), 전북과학고등학교(전북), 제주과학고등학교(제주), 창원과학고등학교(경남), 충남과학고등학교(충남), 충북과학고등학교(충북), 한성과학고등학교(서울)

서울의 과학고등학교 선발 기준은 입학전형위원회에 의한 「자기주도학습전형」으로 선발하며, 중학교 교육과정 범위와 수준을 벗어난 입학전형을 금지하며, 교과지식만을 묻는 변형된 형태의 필기고사를 금지합니다. 다른 교육청 역시 비슷하나 반드시 지원하려는 학교의 입학전형요강을 확인해야 합니다. 또한 지역에서 근무한 자녀에게 제공하는 다른 입학 전형도 있기 때문에 반드시 먼저 확인을 한 후에 지원 여부를 결정해야 합니다.

2025학년도에는 20개의 학교 전체 평균 경쟁률은 3.49:1을 기록했습니다. 약 3년 동안의 평균 경쟁률과 비슷하다는 것을 알 수 있었습니다. 사실상 의대 진학에 이점이 많지 않은 과학고의 입시 경쟁률이 다소 줄어들 수도 있을 것이라고 예상하기도 했지만 결국 과학고를 선택하는 학생들은 비슷하다는 것을 보여주었다고 합니다.

② 예술계열의 특수목적고등학교

각 시도교육청별로 예술고등학교가 있습니다. 현재 지정된 학교의 목록은 다음과 같습니다. 지역에 따라 예술계열의 일반고인 학교도 포함했습니다.

서울 국립국악고등학교, 국립전통예술고등학교, 서울공연예술고등학교, 서울예술고등학교, 선화예술고등학교, 덕원예술고등학교
부산 부산예술고등학교, 브니엘예술고등학교, 한국조형예술고등학교
인천 인천예술고등학교

광주 광주예술고등학교

대전 대전예술고등학교

울산 울산예술고등학교

세종 세종예술고등학교

경기 경기예술고등학교, 계원예술고등학교, 고양예술고등학교, 안양예술고등학교

강원 강원예술고등학교

충남 충남예술고등학교, 충남디자인예술고등학교

충북 충북예술고등학교

전북 전주예술고등학교

전남 전남예술고등학교, 진도국악고등학교, 한국창의예술고등학교

경북 경북예술고등학교, 포항예술고등학교

경남 경남예술고등학교

    서울의 예술고등학교는 중학교 성적(교과+출결)과 실기고사로 선발하며, 실기고사 비율은 학교 및 학과별로 40~60%인데 이는 학교별 전형 계획에 따릅니다. 보통 재학생의 교과 성적은 2학년 1학기부터 3학년 1학기 성적을 반영하고, 출결은 1학년 1학기부터 3학년 2학기 기준일까지 성적을 반영하기 때문에 마지막까지 출결 관리를 철저히 하는 것이 중요합니다.

    서울특별시교육청에는 일반고등학교 중에서 예술계열의 고등학교인 '서울미술고등학교'가 있습니다. 이 역시 입학전형요강을 확인하시고 지원하실 수 있습니다. 또한 관악예술과를 따로 모집하는 '연광고등학교'가 있으며 실기고사 등으로 선발합니다. 이러한 학교들에 대한 고민은 담임 선생님 또는 진로 선생님께 여쭈어보면 가까운 고등학교 중 특색 있는 고등학교에 대해 안내가 가능하실 것입니다.

예술고등학교는 각 학과나 관련 구분(무용의 경우 한국무용, 발레 등을 말하며 바이올린, 피아노 등 악기 구분)에 따라 경쟁률 차이가 많이 나기 때문에 다른 학교에 비해 크게 경쟁률에 의미를 두기는 어렵습니다.

③ 체육계열의 특수목적고등학교

체육계열의 특수목적고등학교들은 모집 단위가 전국인 경우가 많습니다. 예를 들어 서울체육고등학교 선발 기준으로는 특별전형(입상실적, 교과성적(국영수), 출결), 일반전형(실기고사, 교과성적(국영수), 출결)이 있습니다. 특히 신입생 선발 입학전형요강이 변경되는 경우, 자세히 살펴보고 지원해야 합니다. 체육고등학교는 보통 체육 특기가 있는 학생들이 미리 준비해서 지원하는 경우가 많으나, 체육에 특기를 보이는 친구들 중 일반전형을 활용하여 3학년 때 준비해서 지원하기도 합니다. 따라서 각 학교별 입학전형을 확인해야 합니다.

> 서울체육고등학교(서울), 부산체육고등학교(부산), 대구체육고등학교(대구), 인천체육고등학교(인천), 광주체육고등학교(광주), 대전체육고등학교(대전), 울산스포츠과학고등학교(울산), 경기체육고등학교(경기), 강원체육고등학교(강원), 충북체육고등학교(충북), 충남체육고등학교(충남), 전북체육고등학교(전북), 전남체육고등학교(전남), 경북체육고등학교(경북), 경남체육고등학교(경남) 등

또한 체육고등학교가 아니라도 운동부를 모집하는 학교가 따로 있습니다. 이 경우 1학기 중 늦지 않게 일정과 전형을 확인해 지원해야 하며, 2학기에 고입 원서를 작성할 때 절차가 달라질 수 있으므로 반드시 담임 선생

님과 상의해야 합니다. '한국바둑고', '함평골프고' 등의 학교도 있습니다.

제주의 경우는 체육고등학교가 도내에 없어, 학교 내에 체육과(체육중점학급)를 두어 체육고등학교의 역할을 대신하는 학교로 '남녕고등학교'가 있습니다.

④ 산업수요맞춤형고등학교(마이스터고등학교) 및 특성화고등학교

마이스터고등학교와 특성화고등학교는 학교에 따라 시도교육청 단위 모집 또는 전국 단위 모집을 합니다.

특히 일부 마이스터고등학교는 경쟁률이 높고, 대학 입시 실적도 우수한 것으로 알려져 있습니다. 진로 희망 분야에 따라 해당 학교의 전공과 특성을 잘 비교하고 선택하는 것이 중요합니다.

먼저 마이스터고등학교 명단입니다. 마이스터고등학교란 전문적인 직업교육의 발전을 위하여 산업계의 수요에 직접 연계된 맞춤형 교육과정 운영을 목적으로 하는 고등학교이며, 유망분야의 특화된 산업수요와 연계하여 예비 마이스터를 양성하는 고등학교입니다.

> **서울** 미림마이스터고등학교, 서울도시과학기술고등학교, 서울로봇고등학교, 수도전기공업고등학교
> **부산** 부산기계공업고등학교, 부산소프트웨어마이스터고등학교, 부산자동차마이스터고등학교, 부산해사고등학교
> **대구** 경북기계공업고등학교, 대구농업마이스터고등학교, 대구반도체마이스터고등학교, 대구소프트웨어마이스터고등학교, 대구일마이스터고등학교

인천 인천전자마이스터고등학교, 인천해사고등학교

광주 광주소프트웨어마이스터고등학교, 광주자동화설비마이스터고등학교

대전 대덕소프트웨어마이스터고등학교, 동아마이스터고등학교

울산 울산마이스터고등학교, 울산에너지고등학교, 현대공업고등학교

경기 경기게임마이스터고등학교, 수원하이텍고등학교, 평택마이스터고등학교

강원 한국에너지마이스터고등학교, 원주의료고등학교, 한국소방마이스터고등학교

충북 충북반도체고등학교, 충북에너지고등학교. 한국바이오마이스터고등학교

충남 공주마이스터고등학교, 아산스마트팩토리마이스터고등학교, 연무마이스터고등학교, 충남반도체마이스터고등학교, 한국식품마이스터고등학교, 합덕제철고등학교

전북 군산기계공업고등학교, 김제농생명마이스터고등학교, 전북기계공업고등학교, 한국경마축산고등학교

전남 여수석유화학고등학교, 완도수산고등학교, 전남생명과학고등학교, 한국항만물류고등학교

경북 경북바이오마이스터고등학교, 경북소프트웨어마이스터고등학교, 구미전자공업고등학교, 금오공업고등학교, 포항제철공업고등학교, 한국국제통상마이스터고등학교, 한국원자력마이스터고등학교

경남 거제공업고등학교, 공군항공과학고등학교, 삼천포공업고등학교, 한국나노마이스터고등학교

특성화고등학교는 특정 분야의 인재 양성을 목적으로 하는 학교이며 학생 개개인의 소질과 적성에 맞는 교육을 통해 우수한 인재를 양성하고 좋은 일자리에 취업할 수 있도록 지원하는 학교입니다. 특성화고는 그 수가 많기에 이 책에서 다 언급하기가 어려워 그 종류만 언급하자면, 크게 '공업, 농업, 상업, 수산, 실업, 예술' 등으로 나눌 수 있습니다. 이 밖에도 '보건 계열', '세무 계열' 등이 있으며 '한국펫고등학교'와 같은 학교도 있습니다.

특성화고등학교에서는 취업을 우선으로 생각하고 있으나 각 대학의 전형을 활용하여 원하는 대학에 진학하는 학생들도 있으며, 자신의 진로를 빠르게 결정한 학생들에게는 더 좋은 기회가 될 수 있으므로 아이와 함께 학교를 살펴보고 결정하는 것이 가장 좋습니다.

특성화고는 각 지역별로 상당히 많기 때문에 '지역+특성화고'로 검색 후 확인하시는 것이 좋습니다. 특성화고등학교와 마이스터고등학교에 대해 교육부에서 운영하는 사이트인 하이파이브 홈페이지(https://www.hifive.go.kr) 역시 참고하면 많은 정보를 얻을 수 있습니다.

 하이파이브 홈페이지 바로가기

다음은 후기고등학교입니다.

사실 후기고등학교의 선발 방법 등은 2학기 때 알아도 되는 부분이지만 미리 준비하기 위해 어떤 고등학교가 있고 따로 확인해야 하는 것들은 무엇이 있는지 살펴보면 좋습니다.

또한 서울특별시교육청의 경우, 자신이 거주하고 있는 '구'에 해당하는 교육청이 '일반학교군'이며, '단일학교군'이 전체 서울시 전체를 의미합니다. '통합학교군'은 '일반학교군'에 지리적으로 인접한 학교군을 말합니다. 원서를 쓰는 방법은 2학기 때 담임 선생님이 여러 차례 꼼꼼하게 안내합니다. 1단계는 서울 전체에서 2학교, 2단계는 자신이 거주하는 구의 교육지원청에서 2학교를 골라 쓸 수 있습니다. 같은 단계 안에서는 학교 중복 선택이 불가하지만, 다른 단계에서는 중복이 가능합니다. 따라서 총 2개 학교부터 4개 학교까지 쓸 수 있습니다.

① 교육감 선발 후기고등학교

대상학교는 각 교육청에서 살펴보면 됩니다. 서울특별시교육청은 서울 고교홍보사이트인 '하이인포 홈페이지(https://hinfo.sen.go.kr)'를 활용할 수 있습니다. 이 후기고등학교는 예전에 부모님들 세대의 '인문계'에 해당하며, 현재는 '일반고'로 부르고 있습니다. 서울에는 총 210개의 일반고등학교가 있습니다. 이 홈페이지에서 교육감 선발 후기고등학교 전형을 자세히 확인하실 수 있습니다.

하이인포 홈페이지 바로가기

② 예술·체육·과학중점학급 운영학교

서울특별시교육청에서 운영하는 중점학급은 일반고 지원과는 별개로 원하는 학생들에 한해 한 학교만 선택해서 지원할 수 있습니다. 모든 학생이 쓰는 것이 아니라, 관심이 있는 학생만 지원하면 됩니다. 따라서 중점학급을 지원해도 일반고 지원이 가능합니다.

또한 '예술·체육중점학급'과 '과학중점학급' 이 둘은 차이점이 있습니다.

예술·체육중점학급은 '선발'을 하는 것이고, 과학중점학급은 '전산추첨'을 하는 것입니다.

즉, 예술·체육중점학급 운영학교는 1단계에서 중학교 내신성적과 자기소개서로 정원의 1.5배수를 선발하고 2단계에서 1단계 성적과 면접으로 최종 합격자를 선발합니다.

과학중점학급 운영학교 교육감 선발 후기고등학교의 선발 방법과 동일하게 1단계에서는 학교 소재 일반학교군 거주 지원자 중, 학교별 모집정원의 50%를 전산추첨 배정합니다. 즉, 아이가 거주하고 있는 '구'를 관할지역으로 하는 학교군에서 배정한다는 뜻입니다. 2단계에서는 1단계 탈락자를 포함하여 다른 학교군 거주 지원자 중, 나머지 50%를 전산추첨 배정합니다.

해당 학교는 다음과 같습니다.

음악중점학급 운영학교(2교) - 대원여자고등학교, 영신여자고등학교
미술중점학급 운영학교(1교) - 송곡여자고등학교
체육중점학급 운영학교(1교) - 송곡고등학교
과학중점학급 운영학교(22교)
강일고등학교, 경기고등학교, 경복고등학교, 대진고등학교, 마포고등학교, 명덕고등학교, 무학여자고등학교, 반포고등학교, 방산고등학교, 서울고등학교, 선정고등학교, 숭의여자고등학교, 신도림고등학교, 여의도고등학교, 영등포고등학교, 예일여자고등학교, 용산고등학교, 용화여자고등학교, 잠신고등학교, 창동고등학교, 혜원여자고등학교, 휘경여자고등학교

중점학급 운영학교는 변동이 가능하기 때문에 항상 입학전형을 살펴보아야 합니다. 또한 예술·체육·과학중점학급 운영학교 내에서 교육과정 변경이 불가능하다는 점을 반드시 기억해야 합니다. 그리고 여학생들만 갈 수 있는 학급이 따로 있고 남학생들만 갈 수 있는 학급, 공학 학급이 따로

있으므로 확인해 보아야 합니다.

　서울이 아닌 타 지역이라도 각 학교에 이와 같은 학교나 학급들이 운영되는 경우가 있습니다. 각 입학전형요강을 확인하거나 선생님께 미리 여쭤보는 것이 좋습니다.

　후기고등학교 중에서 부모님들께서 가장 많이 관심을 가지시는 학교는 '외국어·국제계열' 고등학교와 '자율형 사립고등학교'입니다.

　③ 특수목적고등학교
　서울특별시교육청의 외국어고등학교가 6개, 국제고가 1개가 있습니다. 지원 방법과 선발 전형이 조금씩 다르므로 잘 살펴봐야 합니다. 서울의 외고는 서울특별시에 거주하거나 외국어고가 없는 시·도 학생들만 지원이 가능합니다. 서울 국제고의 경우 마찬가지로 서울특별시에 거주하거나 국제고가 없는 시·도 학생들만 지원이 가능합니다.

서울 대원외고, 대일외고, 명덕외고, 서울외고, 이화여자외고, 한영외고
부산 부산외고
대구 대구외고
인천 미추홀외고, 인천외고
대전 대전외고
울산 울산외고
경기 경기외고, 고양외고, 과천외고, 김포외고, 동두천외고, 성남외고, 수원외고, 안양외고
충북 청주외고

충남 충남외고
전북 전북외고
전남 전남외고
경북 경북외고
경남 경남외고, 김해외고
제주 제주외고

고양국제고등학교(경기), 대구국제고등학교(대구), 동탄국제고등학교(경기), 부산국제고등학교(부산), 서울국제고등학교(서울), 세종국제고등학교(세종), 인천국제고등학교(인천), 청심국제고등학교(경기)

서울의 외국어고와 국제고는 1단계 영어 교과 성적 및 출결 점수(감점) 형태로 정원의 1.5배수를 선발합니다. 그 이후에 2단계에서 1단계 성적과 면접점수로 최종합격자를 선발하는 과정을 거칩니다.

만약 영어 교과 성적 등에서 동점자가 발생하게 될 경우 참고하는 성적의 순서가 국어, 사회(역사) 계열 등으로 입학전형요강에 언급된 학교도 있으므로 외국어고를 생각하고 있다면 성적 관리를 잘 해야 합니다.

서울지역 외국어고 6교의 2025학년도 입학전형 지원율은 일반전형 1.61:1로 지난해와 유사했습니다. 사회통합전형은 0.80:1로 지난해보다 소폭 상승했습니다.

서울국제고의 2025학년도 입학전형 지원율은 일반전형 2.60:1을 기록했습니다. 2025학년도 사회통합전형은 1.48:1로 지난해보다 상승했습니다.

④ 자율형 사립고등학교

이어 많은 학생들이 지원하는 '자율형 사립고등학교'에 대해 살펴보겠습니다. '자율형 사립고등학교'는 크게 전국 단위 자율형 사립고등학교와 광역 단위 자율형 사립고등학교로 나눌 수 있습니다.

보통 '전사고'라는 이름으로 알려져 있으며, 아래 그 목록입니다.

하나고(서울), 인천하늘고(인천), 현대청운고(울산), 용인외대부고(용인), 민족사관고(강원), 북일고(천안), 김천고(김천), 포항제철고(포항), 상산고(전북), 광양제철고(전남)

보통 '광사고'라는 말로 알려져 있으며, 아래는 그 목록입니다.

경희고(남), 대광고(남), 배재고(남), 보인고(남), 선덕고(남), 세화고(남), 세화여고(여), 신일고(남), 양정고(남), 이화여고(여), 중동고(남), 중앙고(남), 한양대학교사범대학부설고(공학), 현대고(공학), 휘문고(남), 안산동산고(경기), 대전대성고(대전), 대전대신고(대전), 계성고(대구), 충남삼성고(충남), 인천포스코고(인천), 부일외고(부산), 해운대고(부산)

서울 지역 자사고는 성적 제한 없이 지원이 가능하며, 위에 언급한 '전사고'는 1단계 선발에서 성적을 활용합니다.

'전사고', 즉 전국 자사고의 2025학년도 경쟁률 중 가장 높은 곳은 용인외대부고로 2.68:1이었습니다. 일반전형 이외에도 지역인재나 사회통합전형, 임직원자녀 등의 전형이 있습니다. 하나고는 일반 전형과 사회통합전형 모두 서울 지역을 범위로 모집합니다.

서울 자사고는 2025학년도 일반전형 기준 1.24:1의 경쟁률을 기록했습니다. 이 중에는 미달인 학교도 있었습니다. 그럼에도 불구하고 자사고는 여전히 인기가 높아, 아이의 성향에 따라 준비하는 것이 좋습니다.

서울의 경우, 자사고는 1단계에서 내신성적 관계없이 정원의 1.5배수 추첨 선발을 합니다. 1단계에서 지원율이 100% 이하인 경우 2단계 면접 절차 생략, 1단계에서 지원율이 100~150%인 경우 면접 실시 여부를 학교가 결정합니다. 1단계에서 지원율이 150% 이상인 경우는 추첨을 실시하여 정원의 1.5배수를 선발하고, 2단계에서 면접을 실시하여 최종 합격자 선발을 합니다.

면접 내용은 자기주도학습 영역(꿈과 끼 영역), 인성 영역으로 나뉩니다.

⑤ 학교장 선발 일반고등학교

마지막으로는 학교장 선발 일반고등학교가 있습니다. 서울특별시교육청에는 한광고등학교, 한국삼육고등학교 등이 있으며 학교별 신입생 입학전형요강을 참고하여 학생이 직접 지원해야 합니다.

이외에도 각종학교들도 입학전형을 실시합니다. 각종학교란 학교와 유사한 교육기관을 말합니다. 외국인학교와 대안학교도 각종학교의 일종입니다. 각종학교는 정규의 학교와 유사한 명칭을 사용할 수 없으나, 인가를 받은 각종학교는 정규의 학교와 유사한 명칭을 사용할 수 있습니다. 충북의 단재고등학교 등이 유명한 대안학교입니다.

2) 완벽한 Q&A

`#고등학교_차이` `#입학설명회_참석` `#자율형공립고`

Q: 자율형 사립고등학교와 일반 사립고등학교의 차이점이 무엇일까요?

A: 일단 사립고등학교는 재단에서 운영하는 고등학교이며, 공립고등학교는 우리나라인 국가 또는 지방 자치 단체에서 세워서 운영을 하는 곳입니다.

사립고등학교 중 학교 운영의 자율성을 보장하며, 정부의 보조금을 받지 않고 스스로 교과 과정을 운영하는 학교를 자율형 사립고등학교라 합니다. 따라서 학생 선발에서도 서류 평가, 면접 등이 있으며 학비를 내야 한다는 점이 가장 큰 차이점이라 할 수 있습니다.

Q: 자사고에 지원하려면 입학설명회 참석을 하는 것이 좋을까요?

A: 네, 저는 꼭 참석하시라고 말씀드립니다. 종종 학원 등에서 고등학교 입학 관련 설명회를 진행하는 경우가 많습니다. 그 역시 도움이 될 수 있으나 학교에서 하는 입학설명회는 참석해 보는 것이 좋습니다. 요즘은 온라인 참석이 가능한 곳도 있으므로, 시간을 내어서 참석해 보시면 각 학교에서 지향하는 점이 무엇인지 파악해 볼 수 있습니다.

Q: '예술고등학교'라고 되어 있는 학교는 다 특목고인가요?

A: 아닙니다. '학력인정 평생교육시설'인 학교들도 있습니다. 학력인정 평생교육시설 중 널리 알려진 학교는 서울에 위치한 '한림연예예술고등학교'입니다. 학력은 인정되는 시설이나 일반 고등학교로 분류되지는 않는 것입

니다. 따라서 2학기에 고등학교 입학 지원을 할 때에, 이중 지원 금지 대상에 해당하지 않습니다. 반면에 '서울공연예술고등학교' 사립 예술고등학교입니다. 따라서 서울공연예술고등학교에 지원할 경우 이중지원 금지 조항을 어기지 않도록 주의하며 지원해야 합니다. 또한 위의 정보 역시 항상 변할 수 있으므로 반드시 지원 당시의 최신 정보로 확인 후 지원해야 합니다.

Q: '자율형공립고'는 무엇인가요?

A: 자율형공립고등학교, 즉 자공고란 공립고등학교를 대상으로 교육감이 교육제도 개선 및 발전을 위해 필요하다고 인정하는 경우, 학교 또는 교육과정을 자율적으로 운영할 수 있도록 지정·고시된 고등학교입니다. 서울은 몇 년 전에 자공고를 모두 일반고로 전환했으나 서울을 제외한 많은 지역에서 운영 중에 있습니다.

3) 친절한 꿀팁

`#자기소개서_미리_작성` `#고입_대상자_서류_준비`

(1) 고입에 필요한 자기소개서를 미리 작성해 봐요

아이가 만약 진로를 정한 상태에서, 자기소개서가 필요한 학교에 지원하고자 한다면 방학 동안 미리 자기소개서를 작성해 놓는 것이 좋습니다. 어떻게 작성하면 좋을지 모르겠다면 잘 모르겠다면 작년도 입학전형요강을 살펴본 후, 포털사이트에 자기소개서 예시 등을 검색해 보면 그 방향을 간단히 알 수 있습니다.

보통은 인성 영역과 자기주도학습 영역 등으로 나누어져 있으므로 그 부분에 대해서 어떤 내용을 쓸 것인지 브레인스토밍을 해 놓으면 좋습니다.

(2) 사회통합전형으로 지원을 희망할 시 대상자 서류를 준비해요

다자녀, 순직자 자녀 등 사회통합전형 대상자에 해당하는 학생 중 사회통합전형으로 지원을 희망하는 학생들은 적어도 2학기가 시작되자마자 담임 선생님께 말씀을 드려야 합니다. 학교에서는 이 학생들이 대상자에 해당하는지 확인하는 회의를 열어야 하며 여러 서류도 준비해야 하기 때문입니다. 따라서 미리 말씀드린 후 서류가 필요하다고 할 때 꼼꼼히 준비해서 제출할 수 있도록 합니다.

새로쌤의 3학년 여름 방학 체크리스트

함께 체크해요!	완료!
수능 시간표만큼 자리에 앉아서 공부하는 연습을 해봤나요?	
보충 및 정리 학습은 짧게라도 진행했나요?	
고등학교를 위한 진로는 일단 최종적으로 결정을 했나요?	
다양한 종류의 고등학교를 살펴보고, 진로에 맞는 학교가 어디인지 고민했나요?	
입학설명회가 있는 학교에 지원할 예정이라면, 관련 학교 입학설명회에 참석했나요?	
고입에 필요한 자기소개서를 미리 작성해 보았나요?	
사회통합전형으로 지원할 경우, 조건을 확인하고 서류를 준비하여 담임 선생님께 말씀드렸나요?	

3장 | 3학년 2학기
중학교 생활을 알차게 마무리해요

중학교 3학년 2학기는 정말 눈 깜짝하면 지나간다고 해도 과언이 아닙니다. 아이들이 흐트러지지 않게, 그리고 기말고사가 끝난 후에도 계속해서 패턴을 유지하며 공부를 열심히 할 수 있도록 응원해 주세요. 출결 역시 끝까지 신경 써야 하는 부분 중 하나입니다. 입학 원서를 쓸 때는 여러 유의 사항이 있으니 꼼꼼하게 안내 사항을 확인하는 것도 필수입니다. 새로 바뀌는 여러 고등학교 제도에 대해서도 확인을 해 주세요.

1) 꼼꼼한 준비

`#2학기_평가_준비` `#고입_원서_작성` `#고교학점제` `#시험_후_학습_계획`

(1) 2학기 시험을 끝까지 성실하게 잘 보는 것이 중요해요

아이들 중에서는 이미 입시가 거의 다 마무리되었다고 하며 2학기 성적은 중요하지 않으니 대충 시험을 치르겠다고 말하는 경우도 있습니다. 그러나 이제 공부는 하루라도 손을 놓으면 타격을 입게 되는 때입니다. 따라서 아이들이 끝까지 집중해서 기말고사까지 치를 수 있게 응원해 주세요.

학교에 따라서는 중간고사를 보지 않고 기말고사만 치르는 학교들이 있습니다. 이때에는 혹여 시험 성적이 좋지 않더라도 만회할 기회가 없어질 수 있습니다. 따라서 수행평가도 놓치시 않고 꼼꼼하게 챙길 수 있어야 합니다.

또한 이 2학기 성적이 학교생활기록부에 남게 된다는 사실을 언급해 주세요. 아이가 지원하는 학교에 따라 2학기 성적이 입시에 들어가지 않는다고 해도 학교생활기록부에는 기록이 되기 때문에 시험을 최선을 다해 치를 수 있도록 해 주세요. 또한 이에 따라 세부능력 및 특기사항 역시 적히기 때문에 그 부분을 가정에서도 언급해 주시면 좋습니다.

또한 고등학교 입학 후 얼마 지나지 않아 곧 지필평가를 보게 됩니다. 때문에 중학교 시험을 열심히 치르는 자세를 잃지 않도록 해 주세요.

(2) 출결은 학교생활기록부에 들어가니 졸업까지 성실하게 챙겨요

출결 역시 고등학교 입학 전형에 들어가기 때문에 끝까지 출결을 신경 쓸 수 있도록 해 주세요. 특히 잦은 지각, 결석은 바람직하지 않으며, 면접을 보는 학교에서는 이 부분을 면밀히 살펴본다는 점을 언급해 주세요. 또한 일반고 입학 전형에서도 미인정 지각·조퇴·결과 및 결석은 점수에 영향을 미치게 됩니다.

고등학교 원서 접수 이후의 출결 역시 점수에는 들어가지 않는다 해도 학교생활기록부에는 남으므로 졸업식을 하는 그날까지 출결을 챙겨주세요.

(3) 고등학교 입학 원서를 작성해요

서울특별시교육청에서는 영재학교 등 일부 학교를 제외하고, 과학고 입학 전형이 8월 말, 즉 2학기 초반에 시작하는 것을 시작으로 12월 중순까지는 고입 전형 일정이 계속됩니다. 원서 작성은 담임 선생님이 여러 번 안내를 해 주시기 때문에 몇 가지만 주의 깊게 살펴봐 주시면 됩니다.

2026학년도 서울특별시 고등학교 입학전형 성적 총점은 100점이며, 중학교 교과 학습발달상황 점수(80점)와 출결상황 점수(20점)로 구성됩니다. 교과 점수는 중학교 2, 3학년에서 이수한 모든 과목 수 대비 최하위 성취도 과목 수 비율에 따라 최고 80점으로 환산하고, 출결 점수는 전 학년(全 學年) 결석일수에 따라 최고 20점으로 환산하여 산출합니다. 자세한 내용은 학교에서 안내되는 고등학교 입학 원서 기본계획 가정통신문을 참고하시면 됩니다.

- 이중지원 금지

이중지원을 할 수 없는 학교들이 있습니다. 예를 들면 앞서 설명한 것처럼 '중점학급'을 지원할 때에는 한 개의 중점학급만 지원 가능합니다. 타 후기고는 지원 가능하나, 중점학급 내에서는 중복 지원이 불가능합니다. 또한 서울의 경우 외고, 국제고, 자사고 지원자는 교육감 선발 후기고 지원 시 2단계의 2개 학교만 지원이 가능합니다. 예를 들어 사사고를 지원한 후에 1단계에 쓸 수 있는 후기고 2개는 지원할 수 없다는 것입니다.

- 결제 후 취소 불가

원서를 쓸 때 외고, 자사고 등 전형료를 결제하는 학교들이 있습니다. 이

때 결제를 완료하면 지원한 것으로 간주하는 학교들이 있습니다. 따라서 원서를 쓸 때 내용을 꼼꼼히 읽고, 결제 후에는 취소가 불가능한 학교라면 반드시 그 점을 유념하셔야 합니다.

- 학교의 안내, 주의 깊게 챙기기

원서 제출일, 필요한 관련 서류 제출, 주소 작성법 등을 학교에서 꼼꼼하게 안내해 주실 것입니다. 그 점을 잊지 마시고 꼭 지켜주셔야 합니다. 나의 아이가 늦어지면 다른 학생들도 원서 접수를 하는 데에 많은 어려움이 있습니다.

(4) 고교학점제를 미리 살펴보면 좋아요

2025학년도부터 전국의 모든 고등학교에 시행된 고교학점제는 이전의 고등학교 수업과는 많은 차이가 생길 수밖에 없습니다. 고교학점제란 학생이 기초 소양과 기본 학력을 바탕으로 진로·적성에 따라 과목을 선택하고, 이수기준에 도달한 과목에 대해 학점을 취득·누적하여 졸업하는 제도입니다. 2025학년도부터 전면 시행되는 이 제도로 많은 것들이 변했습니다. 이전에는 학교에서 구성해주는 대로 교육과정이 이루어지고, 몇 가지의 선택 과목만 고르면 되었지만, 이제는 고등학교 1학년을 제외하고 2, 3학년의 과목은 아이들이 스스로 선택하게 됩니다. 학교에 따라서 개설되는 과목이 다르긴 하지만 이 역시도 고려한 상태에서 아이들이 고등학교 때 들을 과목을 직접 선택합니다.

각 시도교육청에서는 중3 학생들에게 이에 따른 안내 책자를 11월 이후 배포하고 아이들에게 충분한 정보를 제공하기도 합니다. 따라서 자신의 진로에 따라 필요한 관련 과목을 잊지 않고 선택할 수 있도록 해 주세요.

또한 '최소 성취수준 보장 지도'라는 것도 생겨, 과목별 출석률이 2/3 이상이 됨과 동시에 학업성취율 40% 이상을 도달해야만 학점 취득 및 졸업 요건을 충족할 수 있습니다.

서울특별시교육청에서 운영하는 홈페이지인 고교학점제지원센터 홈페이지(https://seoulhsc.sen.go.kr)에 들어가면 고교학점제에 대해 많은 것들을 살펴볼 수 있습니다.

학교알리미 홈페이지(https://www.schoolinfo.go.kr)의 학교별 공시정보 메뉴 속 '학교교육과정 편성·운영 및 평가에 관한 사항'을 통해서도 각 학교에 있는 선택 과목 등을 살펴볼 수 있습니다.

이에 따라 이제는 아이들이 자신의 진로를 가정에서 나눈 많은 대화와 그동안의 성적을 토대로 어느 정도는 방향성을 가지고 정할 수 있도록 해야 합니다.

서울특별시교육청 고교학점제 지원센터
홈페이지 바로가기

학교알리미 홈페이지 바로가기

(5) 2학기 기말고사 후 계획을 세워야 시간을 아낄 수 있어요

보통 3학년 2학기 기말고사는 11월 초에는 마무리가 됩니다. 고등학교 입학 원서 일정을 시작해야 하기 때문입니다. 학교는 이때부터 아이들에게 다양한 프로그램을 제공하기도 하고, 아이들의 진로 역량을 키우는 활동도 병행합니다. 그리고 수업 역시 계속 진행됩니다.

그러나 당장 볼 시험이 없는 아이들은 게을러지기 쉽습니다. 그렇기 때문에 이 기간 역시 촘촘한 계획이 필요한 때입니다.

아이마다 가장 부족한 과목이 있을 것입니다. 그 과목을 반드시 '매일' 공부할 수 있도록 해 주세요. 그 과목을 11월 중순부터 2월 말까지 어떤 식으로 공부할 것인지, 복습부터 심화 학습까지 주별로 계획을 세워 공부할 수 있도록 해 주시면 좋습니다.

(6) 고1 3월 모의고사는 꼭 풀고 갈 수 있도록 해요

고등학교 1학년 3월 모의고사를 연도별로 정리하여 풀어보도록 해 주세요. 고등학교 1학년 3월 모의고사는 시험 범위가 중학교 내용이기에, 모의고사를 풀어보면 자신의 부족했던 부분이나 복습이 필요한 부분을 알 수 있습니다. 또한 모의고사를 풀며 이러한 문제 유형에 익숙해지는 것 또한 필요하다는 것을 알 수 있습니다.

(7) 한국사는 가볍게라도 정리하면 좋아요

예전부터 한국사는 수능 필수 과목이었으며, 이번 개정 수능에서도 필수 과목입니다. 그러나 고등학교에 가서 다시 정리할 시간이 생각보다 부족할 수도 있습니다. 따라서 11월부터 2월 사이에 한국사를 어느 정도 정리하는 편이 좋습니다. 시간이 허락하면 한국사능력검정시험을 응시하는 것도 좋습니다. 시험에서 1급이 나오면 수능에도 많은 도움이 될 것입니다.

(8) 중학교 사회, 과학 복습 및 심화 학습도 지금이 효과적이에요

개정된 수능에서는 모든 학생이 통합사회와 통합과학을 치르게 됩니다.

그렇기에 반드시 중학교 사회와 과학을 복습하고 이에 맞추어 심화 학습까지 진행하면 수능에 많은 도움이 될 것입니다. 사교육의 도움을 받을 수도 있으나, EBS에 중학 사회·과학 용어 정리 등의 강의와 문제집이 잘 제공되어 있으므로 이를 토대로 정리한 후 더 부족한 부분이 있다면 다른 강의 등 사교육의 도움을 받는 것이 좋습니다.

2) 완벽한 Q&A

#원서와_출결   #고입_면접_준비   #가족_내_희망학교_다를_때

Q: 원서 쓰는 날을 포함해서 체험학습을 쓰고 싶어요. 가능할까요?

A: 대부분 가능하긴 합니다. 그러나 원서를 쓸 때 원서를 번복하는 경우도 있고 때에 따라 고쳐야 할 일이 있기도 합니다. 또한 학교에서는 아이들과 부모님들과 상담이 이루어지기도 합니다. 고입 전형 일정은 3월 말부터 4월 사이에 미리 안내되기 때문에 체험학습은 이 시기를 피해주시는 것이 바람직하다고 봅니다. 아이의 고등학교 입학과 직접 관련된 것이기 때문입니다.

Q: 자사고에서 면접을 볼 때 살펴보는 것은 무엇인지 궁금합니다

A: 그것은 중요하게 생각하는 것이 학교마다 조금씩 다를 수 있기에 섣불리 말씀드리기는 어렵습니다. 그러나 아이의 출결상황과 행동특성 및 종합의견 부분은 중요할 것입니다. 출결은 아이의 성실성을, 행동특성 및 종합의견 부분은 아이의 학교생활을 살펴볼 수 있기 때문입니다. 또한 아이의 독서활동상황 영역을 보며 꾸준히 독서를 하고 감상문을 썼는지에 대해

서도 살펴보는 경향이 있습니다.

Q: 아이와 부모가 지원하고 싶은 학교가 달라요. 어떻게 해야 하나요?

A: 간혹 이렇게 가정 내 갈등이 발생하면, 아이의 진학 학교 결정을 담임 선생님께 미루기도 합니다. 담임 선생님은 학교에서의 아이의 성향을 토대로 조언을 해 주시는 정도일 뿐입니다. 저는 우선 아이가 지원하고 싶은 학교를 먼저 선택할 수 있도록 해 주시는 편이 좋다고 생각합니다.

그러나 부모님께서 아이의 성향을 가장 잘 파악하고 있기에 아이가 원하는 학교보다는 부모님께서 원하는 학교가 아이의 성향에 더 적합하다고 판단이 들 때에는 아이와 대화를 통해, 그리고 학교 홈페이지, 담임 선생님의 조언, 선배의 이야기, 입학설명회 등을 아이와 함께 살펴보며 최종적으로 결정하는 것이 좋습니다.

그리고 일반고는 추첨 선발이기에 원서를 작성하는 대로 배정되지 않습니다. 그저 그 확률을 높여줄 뿐이지요. 그렇기에 아이와 너무 사이가 나빠질 정도로 많이 다투시지 않으셔도 좋습니다.

3) 친절한 꿀팁

#대학교_학과별_입학전형요강_확인

1) 대학교 학과별 입학전형요강을 살펴보면 흐름을 알 수 있어요

아이가 만약 진로를 정한 상태라 한다면, 앞으로 꿈꾸고 있는 학과의 입학요강을 살펴 고등학교에서 선택해야 할 과목으로는 무엇이 있는지 미리 파악해 놓는 것이 좋습니다. 한 학과만 살피기보다는, 연관된 여러 학과를 살펴보면서 선택해야 할 과목들을 두루 파악하면 좋습니다. 이처럼 자신이 배울 과목들을 미리 정리해 보는 활동이 있으면 좋습니다. 입학전형요강은 매년 변하는 경우가 많지만 그래도 어느 정도는 예측할 수 있습니다.

현재 서울대학교 홈페이지의 '입학'(https://admission.snu.ac.kr)을 참고하면, 2027학년도 대학 신입학생 입학전형 시행계획이 발표되어 있습니다. 이와 같이 다른 대학교의 학과별 입학전형요강을 살펴보는 것도 좋습니다.

서울대학교 입학 홈페이지 바로가기

새로쌤의 3학년 2학기 체크리스트

함께 체크해요!	완료!
2학기 평가를 끝까지 성실하게 치를 마음가짐을 준비했나요?	
출석을 졸업식 당일까지 성실하게 했나요?	
고등학교 입학 원서 작성 시 금지되는 항목들을 꼼꼼하게 확인했나요?	
고교학점제를 미리 살펴보았나요?	
2학기 기말고사 후 계획을 세워서 활용했나요?	
고1 3월 모의고사를 풀었나요?	
한국사를 가볍게라도 정리했나요?	
중학교 사회, 과학을 복습하고 심화 학습을 시작했나요?	
대학교 학과별 입학전형요강을 살펴보았나요?	

4장 | 3학년 겨울 방학
우리 아이, 준비된 고등학생이 되어요

중학교 3학년 겨울 방학은 이미 졸업식을 한 학교가 많기 때문에 더 이상 중학생이라는 느낌이 잘 들지 않습니다. 이때에는 고등학교 입학 준비, 심화 학습 진행 등으로 바쁘게 보내야 하는 날들입니다. 학습 패턴, 생활 패턴은 반드시 유지해 주세요. 고등학교 배정통지서 배부일, 고등학교 예비 소집일 등은 반드시 참석하는 것이 좋으니 여러 일정을 고려하여 계획하는 것이 좋습니다. 아이의 마음 역시 단단해질 수 있도록 가정에서 각 아이의 성향에 맞게 지지해 주세요.

1) 꼼꼼한 준비

#학습량_최대치 #생활_패턴_유지 #배정학교_특성_분석

(1) 보충 학습, 심화 학습을 최대한 많이 하면 좋아요

앞으로 이때처럼 공부를 마음 편하게 많이 할 수 있는 날이 다시 오기는 어렵습니다. 고등학교 1학년 방학은 더욱 바쁠 것이고, 2학년 3학년 역시 정말 정신이 없는 입시의 날들이기 때문입니다. 따라서 이때 반드시 부족한 학습을 꼭 진행해야 하며 심화 학습 역시 할 수 있는 만큼 진행해야 합니다. 계획을 세워서 진행할 수 있도록 지도해 주세요.

(2) 이제부터라도 생활 패턴은 유지하는 것이 좋아요

이제는 특별히 약속한 며칠을 제외하고는 늦잠도 자지 않도록 해 주시고, 패턴이 무너지지 않고 공부를 할 수 있도록 해야 합니다. 겨울 방학이 생각보다 길기 때문에 패턴이 많이 무너지면 당장 고등학교 1학년 3월에 해야 할 것들을 챙기지 못하고 고등학교 적응만으로 끝날 수 있습니다. 따라서 패턴이 무너지지 않게 계획적인 생활을 할 수 있도록 해 주세요.

(3) 배정학교 발표 후 학교 활동에 대해 살펴봐요

고등학교 배정이 확인된 후에는 빠르게 배정을 받은 고등학교에 대해 살펴보는 것이 좋습니다. 이미 고등학교 원서를 쓰기 전, 또 고등학교 원서 작성 후 학교에 대해 많은 것들을 알아보았을 것입니다. 그러나 배정을 받은 후에는 더욱 세분화하고 구체적으로 고등학교에 대해 알아보는 활동을 해야 합니다.

알아보면 좋을 것들은 학교의 동아리 활동, 학교 특색 사업, 학교 평가 경향, 학교 행사 일정 등입니다. 학교의 동아리 활동과 학교 특색 사업은 학교 홈페이지를 통해 알아볼 수 있으며 학교의 학사 일정 역시 학교 홈페이지의 '학사일정' 메뉴를 활용하면 됩니다. 학교 평가 경향은 포털 사이트 검색을 통해 기출문제 카페를 활용하거나 동네 서점에 있는 기출문제집을 구매해 파악해 볼 수 있습니다.

  학교의 많은 것들은 내년 변합니다. 그러나 학교에서 중점적으로 생각하고 있는 것들은 대체로 유지되는 경향이 강합니다. 따라서 학교에서 어떤 것들을 최우선으로 생각하고 있고 어떤 활동들이 진행되고 있는지 파악하고 있으면 고등학교 생활 적응에 도움이 됩니다. 특히 선생님의 근무지 이동으로 인해 선생님들이 바뀌는 공립학교보다는 같은 학교에 오래 계시는 선생님들이 더 많은 사립학교가 학교 중점 활동이 유지될 확률이 큽니다.

2) 완벽한 Q&A

`#배정통지서_배포` `#고등학교_예비소집일`

Q: 배정통지서 받는 날에 꼭 학교에 가야 할까요?

  A: 원칙적으로는 꼭 가야 합니다. 예를 들어 서울특별시교육청은 배정통지서를 중학교에서 출력해 학생들에게 배부하게 하고, 이를 학생이 다시 고등학교에 제출하도록 하기 때문입니다. 혹시 아이가 중학교에 오지 못하더라도 위임장 등을 통해 보호자가 받을 수 있지만, 가능하다면 아이가 직접 배정통지서를 받는 것이 가장 좋다고 생각합니다.

Q: 고등학교 예비소집일에 어떤 일을 하나요?

  A: 보통은 배정통지서를 내고, 학교에서 필요한 것들에 대해 안내를 받습니다. 중학교와 특별히 다른 점은 없지만 경우에 따라서는 반 배치 고사를 볼 가능성이 더 크다는 점 등이 다를 수 있습니다. 따라서 고등학교 예

비소집일 역시 반드시 참석하는 것이 좋습니다.

3) 친절한 꿀팁

#마음_관리 #가족과의_대화

(1) 마음을 꾸준히 관리하면 건강한 고등학생으로 지낼 수 있어요

중학교는 동네 친구들이 함께 오는 경우가 많습니다. 그렇기 때문에 초등학교 때부터 이어진 친구들이 함께 하는 모습을 종종 볼 수 있습니다. 그러나 고등학교는 지역을 넘어 다양한 곳에서 온 친구들이 많아집니다. 그리고 그중에서는 아이보다 공부를 더 잘하는 친구들도 있습니다. 그 모습을 보고 아이들이 마음이 흔들리는 경우가 많습니다. 그저 공부를 손을 놓기도 하고, 친구에게 시샘을 내기도 하며, 짜증이 많아지거나 무기력해지는 등 여러 형태로 심리적 불안정을 겪기도 합니다.

그러나 그렇게 마음이 흔들린다고 해서 성적은 올라가지 않습니다. 그렇기에 이런 상황들이 생길 수 있다는 것을 미리 아이에게 이야기해 주고, 할 수 있는 준비는 미리 해두는 것이 중요하다는 점을 알려주세요. 그렇다고 해서 실제로 아이가 그 상황을 마주하면 마음이 흔들리지 않는 것은 아니지만, 미리 알고 있다면 더 빠르게 안정되도록 돕는 데 큰 도움이 됩니다.

(2) 가족과 대화를 많이 하면 아이가 심적으로 편해져요

학습에 대해 심적으로 부담이 많이 될 고등학교 생활을 앞두고 가족과 대화를 많이 하면 좋습니다. 부모님들께서 아이가 사춘기이고, 간섭하는 것을 싫어한다 생각하여 대화를 하지 않으시는 경우도 있습니다. 가정에서 아이들에게 말을 걸면 아이들이 귀찮아하는 모습을 보이기도 하지요. 하지만 아이들은 내심 부모님과 보내는 시간을 필요로 합니다. 너무 많은 대화가 아닐지라도, 아이들이 필요로 할 때 함께 대화해 주세요. 아이들에게 많은 힘이 됩니다.

새로쌤의 3학년 겨울 방학 체크리스트

함께 체크해요!	완료!
보충 학습과 심화 학습을 최대한 잘 진행하고 있나요?	
규칙적인 생활 패턴을 잘 유지하고 있나요?	
배정 학교 발표 후 배정받은 학교에 대해 상세히 살펴보았나요?	
마음을 꾸준히 관리하고 있나요?	
가족과 대화를 꾸준히 하고 있나요?	

> **중학교 3학년을 위한 새로쌤의 완벽한 핵심 단어** 진로
>
> 중학교 3학년은 본격적인 고등학교 입학을 앞두고 있는 중요한 시기입니다. 특목고 진학, 고교학점제 등으로 인해 진로에 대한 생각도 정리가 되어야 하지요. 따라서 우리 아이의 학교생활기록부를 점검해보며 아이의 진로에 대해 진지하게 탐색해야 합니다. 또한 고등학교 입학 원서를 작성하기 전, 지원 학교에 대해 꼼꼼하게 알아보고 결정도 미리 마쳐야 합니다. 특히 자기소개서와 면접, 시험 등이 요구되는 학교라면 더욱 철저한 사전 준비가 필요합니다.
>
> 그와 동시에 앞으로 대학 입시가 남아 있는 만큼, 부모님께서 아이의 감정적인 어려움도 잘 살피는 것이 좋습니다. 2학기 지필평가가 끝난 후에는 학업량을 점차 늘려 고등학교 학업에 대비해 주세요. 아울러 고등학교 배정통지서 배포일과 예비소집일 등도 꼼꼼하게 챙겨 주세요.

나가며

중학교 3년,
우리 아이와 함께할 소중한 시간

　이 책을 통해 초등학교 6학년부터 중학교 3학년까지 우리 아이의 중학생으로서 지낼 하루들을 살펴보시는 기회가 되었기를 바랍니다.

　어떻게 보면 중학교 생활은 소소한 것들을 아이가 스스로, 꼼꼼하게, 성실하게 챙기는 것이 전부라고 생각합니다. 그리고 이 노력들이 모여 빛나는 중학교 생활이 되는 것이지요.

　이 책을 선택해주신 부모님들의 마음은 대부분 비슷할 것입니다. 사춘기의 절정에 있는 우리 아이가 어떻게 하면 학습과 정서적인 부분을 다 놓치지 않고 중학교를 즐겁게 다닐 수 있을까 걱정이 되는 마음이 크셨을 것입니다. 그러나 우리 아이들은 우리가 기대한 것보다 더욱 잘 성장할 것입니다. 자신의 중학교 생활을 응원하는 부모님의 마음을 누구보다도 잘 알고 있기 때문입니다.

　짧다면 짧은 이 중학교 3년이라는 기간 동안, 우리 아이에게 도움이 되는 것은 무엇인지 생각하면서 아이의 성장을 지켜봐 주세요. 우리 아이가 꿈꾸는 미래에 도움이 될 수 있는 것은 무엇인지, 우리 아이의 마음이 더욱 건강해질 수 있는 방법은 무엇인지, 함께 고민하고 생각하는 소중한 시간이 되시기를 바랍니다.

이 책을 만나는 모든 가정의 완벽한 중학교 생활을 응원합니다.
감사합니다.